档案管理基础与城建档案管理研究

郑冰莹　吴秀霞　汪文菁◎著

吉林文史出版社

图书在版编目（CIP）数据

档案管理基础与城建档案管理研究 / 郑冰莹，吴秀霞，汪文菁著. -- 长春 ：吉林文史出版社，2023.3
ISBN 978-7-5472-9303-4

Ⅰ．①档… Ⅱ．①郑… ②吴… ③汪… Ⅲ．①城市建设－档案管理－研究 Ⅳ．①G275.9

中国国家版本馆CIP数据核字 (2023) 第048830号

DANG'AN GUANLI JICHU YU CHENGJIAN DANG'AN GUANLI YANJIU

书　　名　档案管理基础与城建档案管理研究
著　　者　郑冰莹　吴秀霞　汪文菁
责任编辑　陈　昊
出版发行　吉林文史出版社有限责任公司
地　　址　长春市福祉大路 5788号
印　　刷　北京四海锦诚印刷技术有限公司
开　　本　787mm×1092mm 1/16
印　　张　10.75
字　　数　254 千字
版次印次　2023年3月第1版　 2023年3月第1次印刷
定　　价　52.00 元
书　　号　ISBN 978-7-5472-9303-4

前　言 ◀◀◀◀◀◀◀

　　档案是指人们在各项社会活动中直接形成的各种形式的具有保存价值的原始记录。档案管理工作主要是为其他社会部门服务的工作，其管理水平和管理效率的高低对其他部门工作的进行具有重要的影响。因此，我们必须重视档案管理工作。

　　城建档案是城市规划建设管理活动的历史记录，是社会管理和公共服务的重要信息资源，是建设行政主管部门依法实施行政许可、市场监管等行政管理的重要依据，是工程建设、运营养护和维修改造等的必要条件。城建档案工作是城乡建设事业的组成部分，是城乡建设重要的基础性工作。加强城建档案管理，对于促进城市科学管理，统筹城乡发展，保障城市生产生活秩序，维护城市安全，应对城市突发事件等具有十分重要的意义。

　　本书属于档案管理方面的著作。全书首先以档案与档案管理的基础知识为切入点，解读档案管理的理论基础和技术基础，探索档案管理工作的发展。其次，围绕城建档案管理的内容、开发与利用展开研究，并从声像档案、电子文件和电子档案三方面探究城建特殊载体档案的管理。最后，紧跟时代脉搏，基于信息化、数字化、智慧城市和人工智能不同视角探索城建档案管理的创新，其目的是让档案工作者以及关注档案事业发展的有志之士更多地了解现代档案管理，认识档案管理理论变革的新思路和新方法，促进档案管理理论的发展和完善，推动档案工作的规范化和档案管理的科学化。

　　该书内容全面、论述严谨、条理清晰，对从事档案管理的工作者具有参考价值。

　　笔者在撰写本书的过程中，得到了许多专家、学者的帮助和指导，在此表示诚挚的谢意。由于笔者水平有限，加之时间仓促，书中所涉及的内容难免有疏漏之处，希望各位读者多提宝贵意见，以便笔者进一步修改，使之更加完善。

目　　录 ◀◀◀◀◀◀◀

第一章 档案及其管理工作初探 ◀◀◀◀◀◀◀

第一节 档案的定义及分类

一、档案的定义理解

"人们对档案的意识很早就有了，然而如何给档案一个客观、合理的定义，一直是学界探讨的问题。"[①] 根据《中华人民共和国档案法》及档案工作者的长期实践经验、档案界对档案定义的多次讨论，综合各方面的意见，对档案的定义表述如下。

档案是国家机关、社会组织和个人从事政治、军事、经济、科学、技术、文化等活动直接形成的对国家和社会有保存价值的各种文字、图表、声像等不同形式的历史记录。这一定义的基本含义有以下特点。

第一，档案来源的广泛性。档案是各机关、社会组织和个人在其自身活动中形成的。档案的形成者大致可以概括为三种类型：一是官方性质的各种机关；二是半官方或非官方的各种社会组织（社会团体、公司等）；三是一定的个人（著名人物、著名家庭和家族）。这三种类型的形成者，既包括法律意义上的法人，也包括自然人。

档案又是来源于形成者特定的实践活动。国家机关、社会组织和个人在其实践活动中，相互交往、上传下达和记录事情必然产生和使用许多文件。日后经过整理保存起来就成为档案。丰富的社会实践活动决定了档案来源和内容的广泛性，一定来源和内容的档案又具有内在的联系性。

第二，档案是由文件材料有条件地转化而来的。档案和文件既有密切联系，又有区别。档案的前身——各种文件材料是由一定的国家机关、社会组织或个人为了实现处理事务的需要而产生的，有些日后还须查考，因此被有意识、有目的地保存下来，转化成了档案。档案是处理事务的有意识的材料，但不是一切文件都无条件地转化为档案，文件转化

---

① 郭胜溶：《再论档案定义》，载《兰台世界》2016 年第 5 期，第 9-10 页。

为档案一般要具备三个条件。

条件一：办理完毕的文件才能作为档案保存，正在承办中的文件不是档案。文件是档案的前身，档案是文件的归宿。文件具有现行效用，一般来说，档案是完成传达和记述等现行使命后而备留查考的文件。所谓办理完毕是相对而言的，主要是指完成了文书处理程序，不能理解为一切文件都要把文中所说的事情全部办完才算"办理完毕"，而是指文件的承办告一段落。日常工作中，有三种情况：一是文件中所说的事情需要近期办理的，很快就办理完毕；二是文件中所指的事情需要较长时间才能办完或者需要长期执行的，只要文件经过签收、传阅、研究讨论和贯彻之后，也算办理完毕；三是不需要具体承办的文件，只要收发、圈阅等文书处理手续结束，就算办理完毕。还应指出，文件办理完毕或者转化为档案后，也并非完全失效。归档以后的文件，按其行政和法律效用来说，一部分是失效的，另一部分是仍然有效的。

条件二：对日后实际工作和科学研究活动有一定查考利用价值的文件，才有必要作为档案保存。工作中形成的文件不能都作为档案保存，只有日后有查考价值的，才能保存下来转化为档案。档案是经过人们鉴别挑选保留下来的文件材料。文件是形成档案的基础，档案是文件的精华，文件概不归档是不对的，"有文必档"也是不必要的。

条件三：按照一定的规律集中保存起来，才能最后成为档案。以现代的一般档案来说，它是经过归档集中保存起来的文件。文件是档案的因素，档案是文件的组合。

明确认识文件转化为档案的条件，就可以弄清档案与文件的区别和联系，就会懂得档案的客观形成规律，有助于学会怎样完整地收集档案、怎样科学地鉴定档案的保存价值，自觉地做好档案工作。

第三，档案的形式是多种多样的。任何档案都以一定的物质形式存在和运动，长期的社会实践使档案的形式不断发展和变化，丰富多彩。从载体材料上看，有龟甲兽骨、竹片木板、丝织缣帛、纸张、磁带、磁盘、光盘、胶片；从信息记录在载体上的方法上看，有手写、刀刻、印刷、晒制、摄影、录音、录像等；从表达方式上看，可归纳为文字、图像、声音。档案的范围十分广泛，既包括党政机关的公务文件，也包括技术图纸、会计凭证、科学材料、影片、照片、录音带、录像带等。由于科学技术的发展，档案的形式还会更加丰富多彩。

第四，档案的本质属性。档案是人们社会活动的原始记录，原始记录性是档案最本质的属性。主要表现在档案是形成者在自身的职能活动中形成的各种文件材料转化来的，不是事后另行编写和随意收集的间接材料。它是记录和反映机关、组织和著名人物活动的原始性材料，是历史的真迹和凭证，有着重要的查考使用价值。这也是档案区别于图书资料的主要特点之一。因此，作为档案保存的文件，大多是原本、原稿，而且往往只有一份，这又是档案宝贵的重要原因之一。

二、档案的分类方法

按照不同的标准，档案的常见分类方法有按形成时间划分、按内容性质划分、按形成领域划分以及按载体形态划分这四种。

（一）按形成时间划分

按形成时间划分，档案可分为古代档案、近代档案、现代档案。

古代档案是指 1840 年以前所形成的全部档案。

近代档案是指 1840 年至 1949 年 10 月 1 日中华人民共和国成立之前的各个历史时期形成的各种内容和形式的档案。

古代档案和近代档案习惯上也称为"历史档案"。

现代档案是指 1949 年中华人民共和国成立以来党和国家的中央和地方各级机关、团体、企事业单位形成的档案，以及由国家征集和个人捐赠的某些著名人物档案。

（二）按内容性质划分

按内容性质划分，档案可分为文书档案、科技档案、专门档案。

文书档案亦称"普通档案"，是机关、团体、部队、企事业单位等在党务、行政管理活动中形成的档案材料。

科技档案是指人们在科技、生产和基本建设等活动中形成的、具有查考利用价值、已经归档保存的图纸、图表、文字材料、计算材料、照片、影片、录像带、磁带、光盘等各种类型和载体的科技文件材料。

专门档案是指某些部门在从事各种专门活动中形成的有保存价值的文件材料，专门档案种类繁多且具有独特的管理方法。

（三）按形成领域划分

按形成领域划分，档案可分为公务档案、私人档案。

公务档案是指国家机关、团体、企事业单位和其他社会组织在公务活动中形成的为社会所有的档案材料。这些档案多由各级各类档案机构保存。

私人档案是指人们在社会活动中形成的、归私人所有的档案，如日记、文稿、笔记、账单、票据、信函。这些档案在不危及国家、集体和他人利益的前提下，一般由个人自行保管和处置。

（四）按载体形态划分

按载体形态划分，档案可分为纸质档案、非纸质档案。

纸质档案是指以纸张为记录载体的档案，这是在相当长时期内档案馆（室）保管的主要载体形态，为我国自古以来最基本的书写材料。

非纸质档案又称"特殊载体档案"，不仅包括纸张发明以前出现过的甲骨档案、金石档案、简牍档案、缣帛档案等古代档案，而且包括胶磁等新型材料为载体的档案。

第二节　档案的价值与作用表现

一、凭证作用

档案是历史的真凭实据，有法律效用，可做凭证。档案之所以有凭证作用，是由档案的形成规律及其本身的特点所决定的。

从档案的形成看，它是由当时直接使用的文件转化来的，记录了当时的原始情况，是在工作和生产活动中形成的，不是随意收集和事后编写的材料，是形成者的思想和行为的真实记录，是令人信服的历史证据。所以，作为历史真迹的档案，具有无可置辩的证据作用。

从档案的形式上看，它保留着真切的历史标记。如当事人的亲笔手书或亲笔签字，机关或个人的印信，或当时的照片和原声的录音。由于档案是国家机关、社会组织以及个人从事社会实践活动的原始记录，是以往历史的客观写照，而且档案本身保留着真切的历史标记，因此，它可以成为查考、争辩、研究和处理问题的依据，具有不容置辩的凭证作用，而且它的这种凭证作用是档案不同于其他文献资料的基本特点。

档案的凭证作用历来受到人们的重视，人们利用档案作为凭证来处理各种问题。

二、参考作用

档案不仅记录了历史活动的事实经过，而且记录了人们在各种活动中的发展、科学研究的经验以及经济、文化艺术的创造成果。档案的内容是相当丰富的，它全面地、历史地反映了社会生活的各个阶段和各个方面，一个机关的档案是一个机关工作活动的历史记录，国家全部档案则是我们国家发展的历史记录。档案不是孤立地反映事物内容的单个材料，它是有机联系地反映一定活动的系统完整的材料整体。因此，它对人们查考既往情况、掌握历史材料、研究有关事物的发展进程和规律性、继承历史遗产、总结经验教训，都具有广泛的参考作用。

档案的参考作用，与图书、资料等参考材料相比较，虽然各有所长，但有以下特点。

第一，原始性和较强的可靠性。由于档案是文件转化来的，如实地记录了历史活动的真实情况，是宝贵的第一手原始材料，一般说来，这就比事后回忆、专门编写或口头介绍等资料具有更强的可靠性。

第二，可供参考内容的广泛性。档案来源于各个历史阶段和人类社会实践活动的各个方面，它是人类历史保存下来的精华记录，内容无所不包，能从多方面起参考作用。

第三，档案是从事工作和生产活动的必要依据，有时甚至是不可缺少的参考材料。

档案所具有的凭证和参考作用，在任何时期、对任何档案都是存在的，对于今天的档案建设同样有很大作用，档案的凭证与参考作用，构成了档案的基本价值——凭证与参考价值。

三、社会主义建设中的作用

档案的作用可表现于形成和使用的一切领域，具体表现在以下方面。

第一，档案是单位工作必须查考的材料。党政机关、团体、社会组织为了有效地进行工作，必须加强调查研究，充分占有材料。

档案是单位过去工作活动的记录，单位领导和工作人员熟悉情况，总结经验，制订计划，处理问题，常常需要从档案中查考过去的记载，如果有档案可查，许多问题就可以迎刃而解，工作得以顺利进行。无数事实证明，单位各项工作都需要利用档案材料，充分发挥档案的作用，可以大大提高工作效率，没有档案可查，就会给工作造成很大困难和损失。

第二，档案可作为生产活动的依据和参考。档案记载了各种工作和生产活动的相关情况、成果、经验和教训，既是工作的记录，又是继续进行生产建设的必要条件。为了摸清历史和现状，普遍开展调查研究，充分利用当地的条件、优势，卓有成效地进行经济建设，人们纷纷查阅档案。有的制订经济建设规划和措施，要参考过去的档案材料，从中吸取经验教训；有的是因建设商业网点，查名牌产品，搞好企业的改革和适应市场经济的需要，查找利用档案；有的是研究本企业的发展，探讨如何提高生产和技术水平，也要参考档案材料。尤其是科学技术档案，更是进行现代化生产管理和科学技术管理的重要条件和必不可少的依据。在各项工作建设和经济管理中，因有完整的档案而能够节省大量人力、物力、财力，因没有档案或档案材料不全而造成重大事故、重大损失的事例是很多的，教训也很深刻，应当认真吸取。

第三，档案可作为对群众进行宣传教育的生动素材。档案以原始性、真实性和可靠性的特点见长，可成为宣传教育的生动素材。利用档案写回忆录、著述、演讲，进行文艺创作，举办各种展览，都富有说服力和感染力。多年来，在宣传党的光荣历史、革命传统和老一辈无产阶级革命家的英雄事迹，对人民群众进行爱国主义教育等方面，档案都发挥了重要的宣传教育作用，取得了良好的效果。

第四，档案是维护国家、集体、个人权益的法律信证。档案是人们从事社会实践活动的原始记录，以其内容和外形特征如实地反映以往的既成事实，可以作为证实国家、集体和个人权益的法律信证。例如法律、法规、条约、协议、合同、名单、记录、报告、书信、账本、单据、存根、人事文件、各种证书、所有权状等，这些原始材料记载了人们的政治、经济和社会关系，各种事情的来龙去脉，各方面的权利义务以及当事人的资历、待遇和名誉。对过去工作与生产上成败得失的查证、行政人员违法渎职的审理、人们争执纠纷的评断、合同协议的履行，均可依此追查与分清责任。所以，档案是最有力的证据，它是法理与事实上最佳的法律信证。

第三节　档案管理工作的内容与原则

一、档案管理工作的内容

档案工作就是用科学的原则和方法管理档案，为党和国家各项工作服务的工作。它的工作内容从广义上说，是指档案事业所包括的档案馆工作、档案室工作、档案事业管理工作、档案教育、档案科学研究、档案的宣传及出版等工作。从狭义上说，是指档案业务工作所包括的档案的收集、整理、鉴定、保管、统计、检索、编研和提供利用八个环节。由于我国的档案管理工作分布在档案室和档案馆两层机构中，所以这两层机构的工作内容既有相互衔接的部分，也有一些需要反复操作的部分。

第一，档案收集工作。这是档案室（馆）依法接收单位的归档文件、现行机关档案、撤销机关档案，以及征集历史档案的活动。其目的是积累丰富、合理的馆藏档案资源。

第二，档案整理工作。档案室（馆）根据档案的形成规律，对其进行分类、立卷、编制目录的过程，就是档案的整理工作。其目的是建立有序化的档案实体保管系统，便于档案的日常维护、调阅和归卷。

第三，档案鉴定工作。档案鉴定工作分为归档鉴定和复审鉴定，是档案室（馆）判定档案存毁和划定保管期限的活动。其目的是优化馆藏，提高档案管理和利用的效率。

第四，档案保管工作。这项工作的主要内容是对库房内的档案进行有序管理，控制危害档案物质载体和书写材料的各种因素。其目的是延长档案的寿命，维护档案的安全。

第五，档案检索工作。档案检索工作是档案室（馆）编制档案检索工具，建立手工和计算机档案检索体系的活动。其目的是方便利用者查阅档案。

第六，档案编研工作。这是指档案室（馆）根据单位或社会的需要，利用馆藏档案编辑档案文献汇编、档案参考资料、历史研究作品等出版物的活动。它具有信息开发工作的性质。

第七，档案提供利用工作。这是指档案室（馆）通过阅览、借阅、复制、展览、网站等途径将档案原件、复制件、档案信息直接提供给利用者的活动，它直接体现了档案工作的服务功能。

第八，档案统计工作。这项工作包括档案室（馆）内部的登记和统计工作以及按时填报国家统计文件的工作。其目的是及时掌握档案管理工作的状况，不断调整和完善档案工作。其中，档案收集、整理、鉴定、保管、检索、编研属于档案资源体系建设的范畴，档案提供利用属于档案利用体系建设的范畴，档案安全体系建设贯穿于档案管理工作的全过程，而档案统计工作则是对整个档案工作的状态进行记录和反馈的环节。

二、档案管理工作的原则

（一）统一领导、分级管理

统一领导、分级管理是我国档案工作的组织原则和管理体制。它的具体内容可以概括为以下三点。

1. 档案由各级、各类档案保管机构分别集中管理

档案是国家和社会的历史文化财富，是宝贵的信息资源，必须实行分级集中、统一管理。分级集中基本上是两种形式：一是以机关、团体、企业、事业单位内党、政、工、团组织和业务部门形成的档案，必须由机关档案室集中统一管理，不得分散保存，更不许任何人据为己有；二是机关、团体、企业、事业单位形成的需要长期保存的档案，必须定期移交给有关档案馆（室），由各级、各类档案馆（室）集中保管。一切档案都按规定和批准手续管理，不得任意转移和销毁。

在现阶段，我国的档案存在着属于国家、属于集体和属于个人三种所有权。除了国家所有的档案需要集中管理外，根据《中华人民共和国档案法》规定："集体所有的和个人所有的对国家和社会具有保存价值的或者应当保密的档案，档案所有者应当妥善保管。对于保管条件恶劣或者其他原因被认为可能导致档案严重损毁和不安全的，国家档案行政管

理部门有权采取代为保管等确保档案完整和安全的措施；必要时，可以收购或者征购。"

2. 档案由各级档案事业管理机关进行指导和监督

所谓统一管理，就是在全国范围内进行统一的业务指导和监督。具体来说就是全国档案工作事务由国家档案局掌管，它根据党中央和国务院的指示和规定，对全国档案工作全面规划、统筹安排，提出档案工作的方针、任务，制定统一的档案管理的规章制度和办法，指导、监督和检查全国的档案工作。所谓分级负责，就是地方各级档案事业管理机构，按照全国的统一规定和要求，根据本地区党政领导机关的指示，提出本地区档案工作的规划和任务，制定具体的工作制度和办法，指导、监督和检查本地区的档案工作。所谓分专业负责，是指一些中央、国家机关有很强的专业性、行业性特点，这些机关的档案部门除做好本机关的档案工作外，还承担对本专业、本行业档案工作的监督和指导工作。对本专业、本行业的档案工作，制定有关的管理办法、规章以及业务标准和系统规范；制订规划和计划，召开档案工作会议，组织经验交流；组织并指导档案工作理论研究与交流以及对档案干部的培训等。

要对全国的档案工作统一地进行业务指导和监督，各级各系统的档案机构，都要按照统一规定的基本规章制度和基本办法进行档案管理工作，不得各行其是。在集中统一管理原则下，实行分级、分专业负责，相互配合，有利于发挥各级档案管理机关的积极性，有利于发挥专业主管机关的积极性，把"块块"和"条条"的作用都发挥出来，推动档案工作的迅速发展。条块结合的档案工作管理体制，具有中国特色，是国家档案工作网络内的基本结构形式。

3. 实行党政档案与党政档案工作统一管理

1959 年以前，我国档案工作是由党委系统和政府系统分别管理的。1959 年以后，全国各系统、各部门、各级的档案工作逐渐统一起来，实行党、政档案工作统一管理。其具体内容是：一个机关党、政、工、团的档案，由机关档案室集中管理；各级党政机关形成的具有长远保存价值的档案，由中央档案馆和各级综合档案馆集中管理；党的系统、政府系统的档案工作由档案事业管理机关统一进行指导、监督和检查，制定统一的规章制度。

实行党政档案的统一管理，这是我国档案集中统一管理的特点。它的主要根据是，党是领导核心，党的机关和政府机关在工作活动中形成的档案有密不可分的联系，实行集中统一管理，便于收集和利用，同时也省人力，符合精简原则。

（二）维护档案的完整和安全

这是对档案工作的基本要求，是各级档案部门的首要任务，档案工作的方针、任务、规章制度以及各项具体工作，都必须体现这一要求。只有保证档案的完整和安全，才能给档案工作提供必要的物质基础。

维护档案的完整，有两方面的含义：一方面，从数量上要保证档案的齐全，使应该集中和实际保存的档案不能残缺不全；另一方面，从质量上要维护档案的有机联系和历史真迹，不能人为地割裂分散，零乱堆砌，更不能涂改勾画，使档案失真。这两方面是互相联系、相辅相成的。档案材料数量齐全，才能保证档案的系统完整性。只有维护档案的有机联系，才能使档案数量齐全，有科学根据。

维护档案的安全，也有两方面的含义。一方面从物质上力求档案不遭受损害，尽量延长档案的寿命。随着时间的推移，档案一直受自然和人为因素的影响，处在不断地损坏和毁灭的渐进性过程中，档案永远不受损坏是很难办到的，但使之"延年益寿"却是可能的。另一方面要保证档案的安全，档案机密不被盗窃、不丢失、不泄密。

维护档案的完整与安全，是互相联系的统一要求。维护档案的完整，才能有效地保证档案的安全。档案的散乱、丢失，会造成档案的损坏和不安全。只有维护档案的安全，才能确保档案的完整。维护档案的完整与安全，既关系到党和国家的利益，又关系到为子孙后代留存历史文化财富，这是档案工作者的责任和光荣的历史使命。

（三）便于社会对档案的利用

这是档案工作的根本目的。社会主义国家的档案工作，最终是为了提供档案给社会主义事业各项工作利用。因此，便于社会各方面对档案的利用，是整个档案工作的基本出发点，支配着档案工作的全部过程，表现于档案工作的归宿。档案工作规章制度的建立，各个方面业务工作的开展，都是为了实现这一目的。整个档案工作的好坏，也主要应从是否便于利用去检验和衡量。从这个意义上说，便于社会各方面对档案的利用，是档案工作原则的一个重要方面。

上述三个方面的内容是辩证统一的。档案工作实行统一领导、分级管理，维护档案的完整与安全，都是为了便于社会各方面工作利用档案。要做到便于利用，必须实行统一领导、分级管理和保证档案的安全。从这个意义上说，前两者是手段，后者是目的。没有统一领导、分级管理和档案的完整、安全，就没有便于利用的组织保证和物质基础；离开了便于社会各方面的利用，前两者就失去了意义和方向。所以，我们必须完整地理解档案工作的基本原则，在整个档案工作中切实贯彻该项基本原则。

第四节　档案管理机构及职能分析

一、档案室及职能分析

档案室是机关、团体、企业、事业单位中负责管理本单位档案的机构，国家档案事业系统的基层组织。它是一个单位档案信息存储、加工和传输的服务部门，与本单位的领导和各组织机构发生联系，为领导决策、处理工作、组织生产、进行科研等活动提供依据和参考材料。档案室是集中统一管理本单位档案的部门，是单位内部具有信息服务与咨询性质的机构，一般情况下不对外开放。目前，一般的大、中型单位内部都设有档案室；而在那些规模小、人员少、内部机构少或无内部机构的单位，则可以指定专职或兼职的人员负责档案管理工作。"档案的服务功能取决于档案管理人员的水平，把档案服务水平提升起来，是当前所有档案管理工作者面临的重要任务。"[1]

（一）档案室类型

单位的性质、职能不同，其形成的档案的门类也有一定的差异，由此，档案室有如下类型。

第一，文书档案室，也称为机关档案室，主要负责保管本单位党、政、工、团等组织的档案。中型以上的单位均设有这类档案室。

第二，科技档案室，是负责保管科研、设计、生产过程中形成的科技文件材料的档案机构。一般设在科研院所、设计院所、工矿企业等单位。

第三，音像档案室，主要负责保管影片、照片、录音带和录像带等特殊载体和记录方式的档案。新闻、广播、电视、电影、摄影部门中设有这类档案室。

第四，人事档案室，是集中保管单位员工档案的机构。一些大型单位在人事部门中设有这类档案室。

第五，综合档案室，是集中统一保管本单位各门类档案的机构。近年来，各单位新型门类档案的数量不断增加，使档案室收藏的档案向多门类发展，许多保存单一档案门类的档案室逐渐发展成为综合档案室。

第六，联合档案室（档案管理中心），是一些性质相同或相近、规模较小的单位共同

---

[1]　杨桂湘：《档案管理职能建设探讨》，载《城建档案》2016年第4期，第72-73页。

设立的档案管理机构。其主要职责是集中统一保管各共建单位形成的档案。联合档案室是一种精简的、集约化的档案管理模式，比较适于规模较小的单位。

（二）档案室管理体制

文书档案室、综合档案室通常设在单位办公厅（室）的下面，由办公厅（室）主任负责；联合档案室可以由共建单位协商，责成其中的某一个单位负责管理。

科技档案室及其他专门档案室设在相关的业务部门下面，由业务负责人管理。比如：在一些公司，科技档案室设在技术部门下面，由总工程师负责，而人事档案室一般由人事部门的领导负责。

（三）档案室职能

根据国家档案局制定的《机关档案工作条例》和《机关档案工作业务建设规范》的规定，档案室的职能主要有以下方面：

第一，对本单位文书部门或业务部门文件材料的归档工作，进行指导和监督。

第二，负责管理本单位的全部档案，积极提供利用，为单位各项工作服务。

第三，按规定向档案馆移交应进馆的档案。

第四，办理领导交办的其他有关的档案业务工作。

二、档案馆及职能分析

档案馆是党和国家设置的科学文化事业机构，是永久保管档案的基地和对外提供档案服务的单位，因此它成为社会各方面利用档案的中心。目前，我们国家各类档案馆的档案主要来源于单位的档案室，这样，档案室和档案馆之间就构成了交接档案的业务关系。由此，单位档案管理的质量将直接影响到档案馆的工作质量和效率。

（一）档案馆类型

第一，综合性档案馆，是国家按照历史时期或行政区划设立的，保管多种门类档案的档案馆。综合性档案馆是对社会开放的档案文化设施，因此又可称为"公共档案馆"。我们国家的综合性档案馆分为中央级档案馆和地方级档案馆两种类型。中央级档案馆包括中央档案馆（设在北京）、中国第一历史档案馆（设在北京）、中国第二历史档案馆（设在南京），它们保管着具有全国意义的各个时期的历史档案和现行单位的档案。地方级档案馆分为省（自治区、直辖市）级档案馆、地区级档案馆和县级档案馆，它们负责保管具有本地区意义的历史档案和现行单位的档案。

第二，专门档案馆，是收集和管理某一专门领域或某种特殊载体形态档案的档案馆，亦分为中央级和地方级两个层次。例如：中国照片档案馆，大、中城市设置的城市建设档案馆等。

第三，部门档案馆，是中央和地方某些专业主管部门所属的、收集管理本部门档案的事业机构。例如：外交部档案馆、北京市科学技术委员会档案馆等。

第四，企事业单位档案馆，是一些大型企业集团或事业单位在内部设立的档案馆，主要负责集中保管集团或联合体所属各单位需要长久保存的档案。例如：北京的首都钢铁公司档案馆、南京的扬子石化公司档案馆、上海交通大学档案馆等。企事业单位档案馆都是综合性档案馆，既收藏文书档案，也收藏科技档案和专门档案等，其兼有对内服务和对社会开放的双重性质。

此外，随着我国经济和社会的发展，以及社会各界收藏、保管、利用档案需求的增加，近几年来，我国除了国家的档案馆之外，还产生了一些新型的档案机构，例如"文件中心""档案寄存中心""档案事务所"等。其中，文件中心是为一个地区或系统中若干单位提供归档后档案保管服务的部门。它是介于文件形成部门和地方档案馆之间的过渡性的档案管理机构。档案寄存中心是由国家档案馆设立的，为各类单位及个人提供档案寄存有偿服务的机构。档案事务所则是为单位或个人提供档案整理、管理咨询等服务的一种商业性机构。另外，据报道，在我国的辽宁省和广东省还出现了私人开设的档案馆，收藏和展出一些有关个人的日记、文章、著作、证件、证章、珍贵的历史文献和照片等。

（二）档案馆职能

根据国家档案局制定的《档案馆工作通则》，档案馆的基本任务是：在维护党和国家历史真实面貌的前提下，集中统一地管理党和国家的档案及有关资料，维护档案的完整与安全，积极提供利用，为社会主义现代化建设服务。其具体职能如下：

第一，接收与征集档案。

第二，科学地管理档案。

第三，开展档案的利用工作。

第四，编辑出版档案史料。

第五，参与编修史、志的工作。

三、档案局（处、科）及职能分析

档案局（处、科）的性质是国家指导和管理档案工作的行政机关，也称为档案事业管理机关或档案行政管理机关。它的主要任务是：制定档案管理的规章、办法、业务标准和规范；制订档案工作的发展规划；对档案室和档案馆的工作进行业务指导、监督和检查；组织档案工作人员的业务培训和档案科学研究，以及对外宣传工作和国际交流活动等。

目前，我国的档案局是按照行政区划分级设置的，分为国家档案局和地方档案局。地方档案局又分为省（自治区、直辖市）级档案局、地区级档案局和县级档案局，负责指导和管理本地区的档案事务。

档案处（科）是设置在专业主管机关中的档案行政管理部门，负责指导、监督和检查本专业系统内各单位的档案事务。比如，中国石油化工总公司档案处负责指导、监督和检查该系统下各单位的档案工作。应该说明的是，在专业主管机关中，档案处（科）通常与档案室合署办公。一方面对专业主管机关内部行使档案室的职能；另一方面对本系统其他单位的档案工作行使指导、监督和检查的职能。

第二章 档案管理基础与发展探微 ◀◀◀◀◀◀◀

第一节 档案管理的理论基础

一、文件生命周期理论

"文件生命周期理论是西方学者非常推崇的理论之一,是现代档案管理学的基本理论,是档案部门和档案人员将档案管理提前介入工程项目文件材料形成阶段,实现项目档案全过程管理的依据,也是文档一体化和现代数字档案馆的基石。"[①] 文件生命周期理论是文件管理的核心理论。20 世纪文件数量的激增是文件生命周期理论产生的社会背景,20 世纪四五十年代文件中心的出现以及人们寻找对其的理论解释是导致文件生命周期理论产生的直接原因。后来,随着研究范围的逐渐扩大,人们对文件的整个运动过程以及对这一过程的全面管理进行了系统研究,客观揭示了文件的运动过程和规律,最终形成了文件管理的核心理论。

(一)文件生命周期理论含义

文件生命周期理论认为文件具有一定的生命周期,现行文件从其产生到最终销毁或永久保管是一个完整的生命运动过程。在这一过程中,由于文件价值形态的变化,又可以划分为若干个阶段。文件在每一个阶段因价值形态的不同,保存场所、管理方式及服务对象也不同。文件的价值形态与其保存场所、管理方式及服务对象之间存在内在的对应关系。

第一,文件从其形成到销毁或永久保存,是一个完整的生命运动过程。文件的产生、流转,办理完毕后归档保存或销毁,最终移交档案馆永久保存的过程是一个前后衔接、连续统一的生命运动过程。

---

① 左运源:《浅谈文件生命周期理论在工程建设项目档案管理的应用》,载《广西电业》2014 年第 3 期,第 32 -34 页。

第二，由于文件价值形态的变化，这一生命过程可划分为若干阶段。文件的生命运动具有阶段性特征，从文件价值形态的变化出发，中外档案界一般将文件生命运动的生命阶段划分为现行阶段、半现行阶段和非现行阶段三个阶段。

第三，文件在每一个阶段因其具有不同的价值形态，而体现为不同的服务对象、保存场所和管理方式。现行阶段的文件具有现行效用，处于机关文件的流转过程中，等文件承办完毕以后，则需要根据其价值大小决定是否归档保存或销毁。归档保存的文件进入半现行阶段，这一阶段的文件对本机关具有一定参考作用，保存在本机关档案室或文件中心，主要为本机关服务，具有过渡性。文件在机关档案室或文件中心保存若干时期以后，经过鉴定，将其中具有永久保存价值的文件移交档案馆。进入档案馆永久保存的文件进入非现行阶段，非现行阶段的文件对形成机关已经丧失了最初的原始价值，而主要体现为对整个社会的价值。

文件在历经三个阶段的生命运动过程中，其对本机关的原始价值（对本机关的行政、财务、法律等价值）和对本机关之外的其他利用者的档案价值（证据价值和情报价值）出现了此消彼长的变化。在现行阶段，文件主要发挥对机关的现行效用，在机关部门间流转，直到办理完毕，文件主要体现为原始价值；在半现行阶段，部分文件最初仍然具有较高的原始价值，但随着时间的推移，原始价值逐渐衰减，部分文件的档案价值开始逐渐显现；在非现行阶段，文件的原始价值丧失而档案价值突出，文件为社会各界服务。随着文件原始价值的削减和档案价值的增加，文件的保管场所相应地发生了变化，从机关内部到文件中心（或档案室），最终移交到档案馆。文件的服务对象也逐渐由内向外，同时，服务方式经历了一个从封闭到开放的过程。

（二）文件生命周期理论产生与发展

1. 文件生命周期理论产生

"文件生命周期"的概念最早由美国档案学者于1940年提出，后来其他国家的档案学者也采用了类似的表述方式。文件生命周期是一个动态的概念，它描述了文件从产生到最终销毁或进馆永久保存的整个生命运动过程。20世纪40至50年代，文件中心的出现是文件生命周期理论产生的直接原因。文件中心首先由美国海军部建立，此后被许多国家效仿，其作用是集中保存大量的已经过了现行期，不经常使用但又未到移交档案馆期限的半现行文件，造价低廉而又方便实用，因此备受欢迎。

1950年，提出了文件运动的"三阶段论"，即现行阶段、暂时保存阶段和永久保存阶段，这三个阶段正好与文件的保管场所办公室、文件中心和档案馆是相吻合和对应的。20世纪80年代，西方档案界对文件生命周期理论的研究趋于成熟，以《文件的选择》

（1982）和《文件的生命周期》（1987）为典型代表。书中深入探讨了文件价值属性与运动阶段、保管场所和管理方式之间的关系，强调文件生命周期理论不仅是为文件中心提供理论基础，而且是为了发现文件的阶段运动规律。此后，欧美档案学者不再拘泥于将文件生命周期理论仅仅理解为文件中心的理论基础，而是扩展到对整个文件过程的运动规律的研究，为文件的全程管理和各阶段的管理提供了有力的理论依据。

2. 文件生命周期理论发展

中外档案界对于文件生命周期理论所描述的文件生命周期的阶段划分和顺序运动规律是否完全适用于电子文件提出了质疑。电子文件运动的阶段性特点发生了变化，在各阶段，电子文件的价值形态与相关因素的对应关系也发生了变化。传统文件的运动阶段大多是顺序向前的，由一个阶段转入下一个阶段，但电子文件在特殊情况下可能会做逆向运动。传统文件运动阶段之间的界限分明，容易划分，但电子文件往往可能同时处于不同的运动阶段，难以划分各阶段的界限。而且，传统文件在各阶段的价值形态与保管场所、服务对象等相关因素的对应关系不再适用于电子文件。由于对技术、设备和系统的依赖性，以及信息内容与特定载体的可分离性，电子文件的价值形态可能无法保持与保管场所绝对对应。

面对电子文件的挑战，澳大利亚档案学者提出了"文件连续体"理论。其核心思想在于强调文件生命运动的整体性和连续性，并将文件保管形式与业务活动和业务环境联系在一起。文件连续体思想最初萌生于20世纪50年代，基本形成于20世纪80年代，至20世纪90年代，澳大利亚档案学者提出了文件连续体管理模式和思想方法，构造了一个多维坐标体系来描述文件的运动过程。这一坐标体系包括四个坐标轴——文件保管形式轴、证据轴、业务活动（事务处理）轴和形成者（来源）轴。其中，文件保管形式轴是核心，它的变化带动了其他坐标轴的相应变化。文件保管的形式决定了文件的其他要素，文件保管形式轴上文件保管形式由单份文件到案卷、全宗的变化而带动了其形成者、业务活动和价值的变化。文件连续体理论的四"维"——"文件的形成""文件的捕获""文件的组织""文件的聚合"则以时间为基础，体现了文件保管各个要素的联合和互动。

文件连续体理论产生的基础是电子文件管理的实践，它是对文件生命周期理论的补充和发展。文件连续体理论的创新之处在于以下三点。

第一，研究视角独特。它强调的是文件保管形式的变化对文件其他要素的影响，描述了文件从最小的保管单位到最大保管单位的运动过程和规律性。

第二，研究方法新颖。采用一个多维坐标轴体系来描述文件的运动过程，将文件运动纳入一个立体、多元的环境之中，考察文件保管形式与价值形态、业务活动及形成者之间的互动关系。

第三，研究的基础在于将文件运动视为一个连续的过程，强化了文档管理的关联性和文件管理的全过程性，更加符合电子文件运动的自身特点。

二、档案价值鉴定理论

档案鉴定是档案工作的重要内容之一，鉴定工作决定档案的保管期限和存毁命运。从法国大革命至今，近现代档案鉴定理论大体走过了如下几个发展时期：第一个时期自 1789 年法国大革命至 19 世纪末，为国家颁布和实施档案鉴定规章，为档案鉴定理论酝酿准备时期；第二个时期自 20 世纪初至 20 世纪 20—30 年代，为档案鉴定理论的初步探索时期；第三个时期自 20 世纪中期至 20 世纪 70 年代末，为档案鉴定理论走向成熟时期；第四个时期自 20 世纪 80 年代初至今，为档案鉴定理论进一步发展时期。

（一）酝酿准备时期：国家颁布和实施档案鉴定规章

1789 年，法国爆发资产阶级大革命，法国政府随之进行档案工作改革，在欧洲率先建立起集中统一的国家档案馆网，从而彻底改变了封建档案工作极端分散落后的面貌，开始建立比较先进的资本主义的档案工作体系，正规的有章可循的档案鉴定工作列入了国家档案工作的议事日程。

1794 年 6 月 25 日，法国颁布了著名的《稿月七日档案法令》，在巴黎和各主要行政中心设立档案清理处，鉴定清理旧政权档案，规定将法国旧政权档案划分为四类：有用文件（包括地产契据等有关国家产权的文件和司法文件）、历史文件（具有历史研究价值的文件）、无用文件和封建制文件（有关封建特权的文件）。前两类文件分别送交国家档案馆和图书馆保存，后两类文件予以销毁。此后，1832 年的奥地利、1833 年的普鲁士、1830—1860 年的俄国等都先后颁布了档案鉴定工作的国家规章。这一时期国家开始颁布和实施档案鉴定的规章制度，但其规定的标准非常粗略和简单，内容笼统不具系统性，档案鉴定理论还未形成。

（二）初步探索时期：档案鉴定理论初步形成

由于社会经济文化的发展，国家机构日趋复杂，文件数量剧增，粗略的档案鉴定规章已不能适应客观需要，各国相继制定了比较详细的档案鉴定原则和标准，并初步形成了档案鉴定的理论。

1. 年龄鉴定论

1901 年，德国档案学家迈斯奈尔提出了档案鉴定应当遵循的一般原则和标准，其中一条原则是"高龄案卷应当受到尊重"。迈斯奈尔这一论断在当时产生了强烈的震撼作用。

因为在此之前，人们总是将已经丧失现行效用的文件销毁，尤其是古老的案卷。"高龄案卷应当受到尊重"的论断提出以后，得到各国的广泛响应，在此基础上，产生了年龄鉴定理论，强调应尊重并妥善保管年代久远的档案，档案产生的年代越久远，其价值越大，因为同时期能够保留下来的档案数量很少。年龄鉴定理论尊重和体现了档案所具有的历史文化价值，对于历史档案的保存具有重要的意义。根据年龄鉴定理论，各国相继规定了本国档案的"禁毁年限"，在禁毁日期之前的档案禁止销毁，使得年代久远数量较少的珍贵档案得到了有效保护。许多国家都选择该国历史上有重大意义且此前所存档案为数不多的年份作为禁毁年限，德国确定为 1700 年，英国确定为 1750 年，法国确定为 1830 年，意大利和美国都确定为 1861 年。随着时代的发展，禁毁年限往往也发生变化，一般是往后推移。例如，俄国第一个禁毁日期是 1811 年 6 月 25 日，以后改为 1825 年，到 1957 年又规定 19 世纪下半期实行资产阶级改革以前形成的文件，一般不准销毁。

继迈斯奈尔之后，布伦内克（1875—1946）在档案鉴定理论方面做出了许多贡献。他总结了古代鉴定的历史经验，认为过去是为解决空间不足的困难而进行鉴定和销毁，大半是简单地把行政上不再需要的最老的案卷加以销毁，但往往所销毁的正是历史上最有价值的文件。由档案员所进行的现代有计划的鉴定销毁，是根据鉴定原则和标准来确定文件的价值。

2. 职能鉴定理论

波兰档案学者卡林斯基在 20 世纪 20—30 年代根据对德国鉴定理论的研究，提出了著名的"职能鉴定论"。所谓职能鉴定论，就是按照机关在政府机关体系中的地位和职能的重要性来确定档案文件的价值及保管期限。卡林斯基认为机关的地位不同，它所形成的文件价值也不一样。他按照机关的地位，把档案文件划分为两类：A 类和 B 类。A 类是最高行政机关的文件，要永久保存；B 类是低级机关的文件，应在保存一定时期后销毁。职能鉴定理论重在分析文件的内在价值，鉴别文件内容所反映的机关职能的社会意义，从而使档案鉴定理论在定性研究方面向前迈进了一大步。

3. 行政官员鉴定论

英国著名档案学家詹金逊（1881—1961）1922 年在其著作《档案管理手册》中明确提出了只能由行政官员参与和主持文件鉴定的观点。詹金逊主张对销毁文件持极为谨慎的态度。他认为销毁文件应由行政机关自身处理，反对档案人员参与鉴定和销毁文件。其理由是：文件是行政活动和事务处理的原始证据，后来的整理者进行人为干预，会使文件的原始证据性遭到破坏。档案人员如果参与文件鉴定，其个人判断会玷污档案作为原始证据的神圣性。同时，档案人员的干预也会妨碍档案保存目的的实现，不利于满足历史学家或其他研究者对档案的利用。因此，文件的鉴定和销毁应由产生它的行政官员负责，档案人员不宜参与。詹金逊的这一鉴定理论被称为"行政官员决定论"。其核心是将档案人员排除在鉴定工作之外，而主张由文件的形成者——行政官员决定档案的命运。这种观点具有明显的局限性和片面性，因为行政官员往往从本机关的利益和立场出发，缺乏社会历史性和客观性，由其单独做出鉴定，将难以维护档案的原始记录性，而且档案的质量也难以保证。

4. 苏联的档案鉴定理论

苏联档案工作者和档案学者在档案鉴定方面也积累了丰富的实践经验和理论。从 20 世纪 20—30 年代起，苏联建立了档案鉴定机构体系，提出了文件价值鉴定的标准，并开展了档案鉴定理论的研究。苏联档案学者认为，文件价值鉴定就是根据文件价值标准研究文件，确定文件的保管期限，并将具有永久价值的文件挑选出来送交国家保管。

苏联档案学者根据马克思主义的哲学原理研究档案鉴定理论，提出了著名的鉴定档案的四项原则，即历史主义原则、党性原则、全面性原则和系统性原则。根据这些原则，苏联还提出了若干档案鉴定的具体标准。苏联档案鉴定的基本原则和标准对我国的档案鉴定理论和实践影响很大。

（三）档案鉴定理论逐步走向成熟时期

随着科学文化技术的进步，档案大量产生，各种类型的档案不断出现，档案鉴定理论逐步走向成熟。

1. 双重价值鉴定理论

1956 年，美国档案学家谢伦伯格在其《现代档案——原则与技术》一书中，提出了公共文件的双重价值理论，从而为档案鉴定理论奠定了科学的基础。双重价值理论的提出，标志着档案鉴定理论逐步走向成熟，具有划时代的意义。谢伦伯格认为，公共文件具有两种不同的价值，即对原机关的原始价值和对其他机关与私人利用者的从属价值。机关官员要对鉴定文件的原始价值负主要责任。公共文件之所以保存在档案机构，是因为它在现行效用消失后对其他利用者还具有长期的保存价值。公共文件内既含有关于产生它的那个政府机关的机构组织和职能运行的证据，又含有与政府机关有关的个人、法人团体、问题和情况等的情报资料。因此，公共文件还具有从原始价值中衍生出来的从属价值——档案价值，档案价值包括证据价值和情报价值。谢伦伯格率先将档案价值鉴定理论建立在分析档案价值的基础之上，改变了档案鉴定理论的经验主义色彩，成为真正的理性分析的结晶。而且，谢伦伯格深入分析了构成档案证据价值或情报价值的具体因素，从而使其鉴定理论更具有操作性。

根据谢伦伯格的观点，文件的原始价值指文件对其形成部门工作事务的有用性。其作用分别体现为行政管理价值、法律价值、财务价值以及科技价值。文件的行政管理价值是档案工作者最初关心的一种价值，是文件在处理日常事务中的价值，如后勤、人事、交通运输、通信、财产等；文件的财务价值是文件在机构管理中对于预算、资金的使用等所具有的价值。具有财务价值的文件是与各种财务方针和财政事务有关的文件；文件的法律价值是文件对于履行机构的法律义务和在法律程序中保护机构利益所具有的价值，以及文件对于保护公民或公众的公民权、法定权益、产权及其他权利的价值。

文件的从属价值即档案价值主要体现为对文件形成机构之外的其他社会组织或个人所具有的价值，包括证据价值和情报价值。证据价值指文件在脱离现行期以后，对有关政府的组织机构和职能运行的证据作用。具有证据性价值的文件，就是为该机关的组织和职能提供真实的、适当的文献证据所需要的那些文件。档案工作者要判断文件的证据价值，必须具备文件产生机关的行政管理背景知识，包括：①机关在所属机构行政等级系统中的位置；②机关所执行的职能；③机关在执行一定职能时所进行的各种活动。档案工作者鉴定文件的证据价值时，要将一个机关的文件看作一个整体，以确定文件之间的内在联系，以及任何一个文件组合在整个文献证据系统中的意义，而不应该以单份文件的鉴定为基础。情报价值亦称研究价值，来源于公共文件中有关公务机构所处理的与个人、法人团体、地点等有关的情报资料，而不是来源于公务机构本身的情报资料。情报价值的鉴定可以在单份材料的基础上进行，因为这种判断的根据仅仅是文件的内容，而不是它与同一机构产生的其他文件之间的关系。对于公共文件情报价值的鉴定，要求档案工作者具有对研究资料、研究需要和研究方法等方面的专业知识。

2. 利用决定论

20世纪60—70年代，继谢伦伯格之后，由于美国历史研究领域出现了各种新的史学流派，史学工作者利用档案的范围大为扩展，档案的"利用决定论"便应运而生。主要代表人物有米耶·菲斯本和埃尔西·弗里曼·芬奇等。他们的核心观点是将学者尤其是历史学家的利用需求视为鉴定档案的最重要标准，强调档案的从属价值决定档案的根本性质。如美国国家档案与文件局的重要鉴定思想家米耶·菲斯本主张"编史工作的最新趋势是判断文件价值的首要标准"，埃尔西·弗里曼·芬奇认为"了解用户为什么和怎样接近档案，将为我们提供鉴定文件的新标准"。这种理论以利用者（学者）的需求作为鉴定档案的首要标准，带有很大的片面性。它使档案鉴定破坏了文件在其形成者业务活动中形成的自然联系，忽视了档案的形成者延续机构记忆的需要，使档案的价值仅限于学术利用，却忽视了档案的社会性和广大公众的普遍利用需求。因此，"利用决定论"后来遭到美国学者的批评和否定。

（四）档案鉴定理论的进一步发展时期

20 世纪 80 年代以来，档案鉴定理论的思想基础发生了一个根本的变化，即由国家模式向社会模式转变，要求档案价值鉴定标准的客观化和社会化，选为档案的文件应全面反映当今社会的价值、模式和职能。这就促使档案鉴定理论的视野更加开阔，"社会分析与职能鉴定论""文献战略"和"宏观鉴定战略"在德国、美国和加拿大得到全面发展和论证。我国一些学者将上述鉴定理论统称为"新职能鉴定理论"或"宏观鉴定理论"，它们的共同特点是，强调档案的价值在于反映产生它的社会，档案的社会价值是由档案形成者的职能来体现的。

"新职能鉴定理论"（或"宏观鉴定理论"）是对 20 世纪 20—30 年代卡林斯基提出的传统"职能鉴定理论"的发展。"新职能鉴定理论"强调文件形成者的社会职能对文件价值鉴定的重要性，强调的是社会层面的广义的社会职能；传统的"职能鉴定理论"注重的是文件形成者在政府机构体系中的等级和地位，强调的是狭义的机构职能。

"社会分析与职能鉴定论"的最主要代表是德国档案鉴定专家汉斯·布鲁斯，他在 20 世纪 60 年代末提出了这一理论，并于 90 年代初对其进行了修正。其核心思想是，选为档案的文件应该体现文件产生时期的社会价值，应通过文件形成者的职能来体现社会价值。档案价值不应该取决于詹金逊所说的行政官员，也不应该取决于谢伦伯格所说的历史学家，而是取决于人民大众。20 世纪 70 年代初，以加拿大档案学者休·泰勒为代表的档案学者提出了"总体档案"概念，要求将包括官方档案文件与私人文件在内的"总体档案"，纳入加拿大国家档案馆以及其他所有公共档案馆馆藏，旨在建立一个国家档案馆网络来反映"人类事业"和"总体"范围。20 世纪 80 年代中后期以来，美国档案学者海伦·塞姆尔斯提出了"文献战略"概念，加拿大档案学者特里·库克提出了"宏观鉴定战略"，其实质都是对"社会分析与职能鉴定论"的进一步论证和发展，体现了一种宏观鉴定的思想。"宏观鉴定战略"使鉴定工作的对象和重点由文件和档案转向其形成者和形成过程，根据文件在机关职能活动中的作用来鉴定其价值。1989 年以后，库克的鉴定思想在加拿大国家档案馆付诸实施，采用"新宏观鉴定接收战略"，这是一种以职能为基点、以来源为基础、适用于多种载体文献鉴定的方法。它不是根据预期的研究用途来鉴定文件，而是尽可能在档案文件中反映形成者的职能、计划和活动，反映社会上那些与文件形成者相互作用的机构，并在"总体档案"的框架下，将私人文件作为联邦政府文件的补充进行宏观鉴定和收集。

可见，"新职能鉴定理论"（或"宏观鉴定理论"）使档案鉴定的思想基础发生了实质性变化，认为档案应反映其产生的社会、档案价值与社会发展紧密相关，视档案价值为社会自身价值的反映，从而突破了将档案价值理解为文件客体对利用者主体需要满足的传统档案鉴定的思想基础。体现在鉴定方法上，是不再从文件的内容出发而是围绕文件形成者的职能、任务和活动展开宏观的鉴定工作。这种鉴定方法尤其适用于文件产生数量庞大的电子文件的价值鉴定。

纵观中外档案鉴定理论，有以下两个方面的共同点。第一，对档案价值构成基本达成共识。大多认为档案价值由两个方面的基本因素构成：一是档案自身的特点；二是社会对档案的客观利用需求。档案价值从某种角度上分析就是档案满足利用者需求的一种关系及其程度。此外，"新职能鉴定理论"（或称"宏观鉴定理论"）体现了档案价值鉴定的思想基础由国家模式向社会模式的转变，对21世纪的档案价值鉴定工作产生了广泛的影响力。第二，对鉴定标准的制定存在共同之处。中外档案鉴定标准主要涉及六个方面：档案的来源标准、档案的内容标准、档案的时间标准、档案的形式特征标准、相对价值标准以及效益标准。与前五种比较成熟的标准相比，效益标准有一定偏颇，存在争议。

第二节　档案管理的技术基础

现代档案管理与传统档案管理之间本质的区别在于管理理念和技术手段的不同。现代档案管理主要是通过采用现代先进技术与设备和掌握先进技术知识的人员实施档案管理和提供档案的利用服务。

一、计算机基础

计算机是一种以高速运算、具有内部存储能力、由程序控制操作过程的自动电子装置。它能够快速、高效地对各种程序化的工作和信息进行存储和处理。快速、准确、记忆、逻辑、通用、自动和连续性是采用计算机进行自动化处理的主要特点。计算机基础如图2-1：

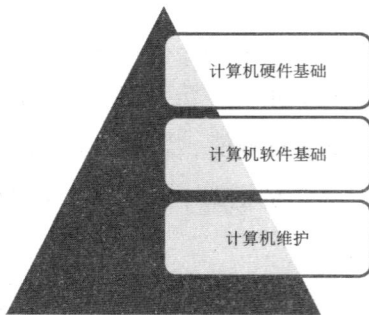

图 2-1　计算机基础

（一）计算机硬件基础

计算机的硬件系统主要由运算器、控制器、存储器、输入设备、输出设备五大部分组成。计算机硬件设备又可分为主机和外部设备两大部分。主机包括 CPU（中央处理器）、存储器、外设接口、主板、扩展卡、主机电源等。其中 CPU 是计算机的核心，是衡量计算机档次的一个重要标志，它的性能在很大程度上决定了整个计算机的运行能力。

外部设备就是用电缆线与主板相连的设备，简称"外设"。按用途可分为输入设备、输出设备和网络连接设备。输入设备主要有键盘、鼠标、扫描仪等；输出设备有显示器、打印机等；网卡、调制解调器、网线等网络连接设备是实现计算机与网络连接的主要设施。

（二）计算机软件基础

要使计算机充分发挥其效能，除了要有好的硬件系统外，还要有能使其发挥作用的软件系统。硬件就像计算机的躯体，软件则是计算机系统的灵魂，安装在计算机上的所有软件系统和程序使得计算机硬件具有了类似于人的"大脑"的功能，只有软硬件结合才是完整的计算机系统。计算机软件系统主要包括系统软件和应用软件两大类。

系统软件用于计算机系统内部的管理、维护、控制和运行，以及计算机程序的翻译、装入、编辑、控制和运行，如操作系统及各种驱动程序等。

应用软件是为某种应用或解决某类问题所编制的各种应用程序。从使用计算机的用户角度而言，应用软件又可以分为面向程序开发人员、面向网络管理人员和面向最终用户的软件。网络管理系统、电子邮件管理系统、数据库管理系统以及各种服务器和存储设备等管理软件是提供给网络管理人员使用的工具；Office、管理信息系统等办公自动化和面向终端客户的应用软件是业务人员通常使用的应用程序。如 Flash 就是用来制作动画的软件，Photoshop 则是用来进行图形处理的软件。

档案业务工作者和网络与系统管理人员主要使用的软件系统有 Office、数据库管理系统等以及档案管理信息系统等。档案管理信息系统分为单机版和网络版两类，网络版又分为客户端/服务器和浏览器/服务器两种运行模式。通常情况下，档案管理信息系统的实现会采用两种模式的混合使用，档案馆内部管理采用客户端/服务器运行模式，档案的查询和远程提交采用浏览器/服务器运行模式。

（三）计算机维护

日常维护是确保计算机正常工作和延长计算机使用寿命的基本工作，但往往被计算机的操作人员所忽视。

1. 使用环境要求

计算机作为一种精密的电子产品，它对使用环境有一些特殊的要求。

（1）环境温度：微型计算机的室温应控制在 15~35℃ 之间。

（2）环境湿度：计算机使用环境的相对湿度应在 20%~80% 之间。

（3）洁净要求：应保护计算机房的清洁。在机房内一般应备有除尘设备，在计算机系统日常的运行中要注意保持环境的清洁卫生，对于停止使用的计算机应及时加盖防尘罩。

（4）电源要求：为防止突然断电对计算机工作的影响，主机房应配备不间断电源（UPS），这样在断电后计算机仍能继续工作一段时间，使得网络和系统管理人员能够在断电的情况下完成正在进行的数据处理和备份等工作，进行服务器和重要设备的正常关机。

（5）防止干扰：计算机内部都是很精密的电子元件，对静电和电磁辐射都很敏感。如果长期工作在有较强静电或者电磁辐射的环境里，元件很容易因老化而出问题。因此，在大楼布线和主机房装修时常常采用一些防电磁辐射和抗干扰方面的技术和措施，如实施屏蔽系统、建立终点到终点的连续的屏蔽路径等都是经常采用的技术措施。

2. 常规维护

使用和管理计算机应经常对其进行维护，以延长计算机的使用寿命，减少故障发生率。

（1）清除机箱内的灰尘：清除灰尘最简单的方法是用"洗耳球"吹，切忌用嘴去吹机箱中的灰尘，因嘴吹出的气体里面含有大量的水分，容易让主板等上面的电子元件短路。使用"洗耳球"清除灰尘之前，可以考虑先用台扇吹去大部分灰尘，然后用"洗耳球"清除细微部分的灰尘。

（2）键盘维护：使用时按键应用力适中，不要猛击猛打；击打后，应立即松开；不要在键盘上放置书本等重物，以防按键变形；使用时不能把水滴到键盘上，否则键盘内部会短路；使用完后，要将键盘用布或键盘套盖好，防止灰尘或其他杂质的进入。

（3）鼠标维护：使用时，移动要轻柔，不要用力在桌面上或反射板上按压。按键用力要适中，不要猛击猛打。光电鼠标需要使用鼠标垫来方便操作。

（4）显示器保养：显示器表面有静电，会吸附灰尘，日久天长，显示器表面会出现一些污垢，应经常清除这些污垢保持显示器的清洁。不用时应使用防尘套把显示器罩上，避免沾上更多的灰尘。

二、网络基础

网络就是把分布在不同地理区域的计算机、服务器、存储器和专门的外部设备用通信线路连在一起，形成一个能够提供信息交流的通信平台。

（一）网络功能

计算机网络及其服务提供的主要功能有数据传输、信息处理、资源共享、负载均衡和综合信息服务等。

第一，资源共享。对连入计算机网络中的计算机系统而言，通过获得一定的使用权限，彼此之间可以互相利用对方系统中的数据资源、硬件资源和软件资源，实现网络环境中的资源共享。

第二，信息传输与集中处理。信息传输是指计算机网络中的客户机与客户机之间、客户机与服务器之间通过通信线路相互传输信息；集中处理是指客户机信息通过网络传送到服务器中，由服务器集中处理后再回送到客户机。

第三，负载均衡与分布处理。负载均衡同样是网络的一大特长。例如：一个大型 ICP 为了支持更多的用户访问他的网站，在全世界多个地方放置了相同内容的服务器，通过一定的技术支持使不同地域的用户能看到放置在离他最近的服务器上的相同页面，这样可以实现各服务器间的负荷均衡，同时用户也省了时间。

第四，综合信息服务。信息的多维化、集成化是网络的发展趋势，网络中的信息资源包括来自政治、经济、文化等各方面资源，还提供图像、语音、动画等多媒体信息。网络的应用和提供服务的形式也将趋于多元化，电子邮件、网上交易、视频点播、联机会议等都是网络应用的多种方式。利用网络提供信息的综合服务也已经成为现实。

（二）网络类型

计算机网络的类型有很多，而且有不同的分类方式。按交换技术可把网络分为线路交换网、分组交换网；按传输技术可分为广播网、非广播多路访问网、点到点网；按拓扑结构可分为总线形、星形、环形、树形、全网状和部分网状网络；按传输介质又可分为同轴电缆、双绞线、光纤或卫星等所连成的网络。这里简单按网络分布规模来划分网络，即局域网、城域网、广域网。

第一，局域网。局域网是将小区域范围内的各种数据通信设备互联在一起，并为这些设备配上高层协议和网络软件，以高速的数据传输速率互相通信的一种数据通信系统。所谓小区域是指几个办公室、一个建筑物、一个校园或大至几千米的一个区域；数据通信设备则是广义的，包括计算机、终端、各种外围设备等，数据通信设备有时也称为站或站点。

目前常见的局域网类型包括：以太网、令牌环网、光纤分布式数据接口、异步传输模式等，它们在拓扑结构、传输介质、传输速率、数据格式等方面都有许多不同。其中应用最广泛的当属以太网——一种总线结构的独立管理网络，是目前发展最迅速，也是最经济的局域网。当前档案馆内部各部门建立的互联网络就是采用局域网的连接方式。

第二，城域网。城域网是指地理覆盖范围在 5 千米至 100 千米以内，以高的传输速率充分支持数据、声音和图像综合业务传输的一种通信网络。它以光纤为主要传输媒体，其传输率为 100 Mb/s 或更高。

城域网是城市通信的主干网，它充当不同局域网之间通信的桥梁，并向外连入广域网。城域网提供高速综合业务服务，它一般采用简单、规则的网络拓扑结构和有效的媒体访问方法，避免复杂的路由选择和流量控制，以实现高传输率和低差错率。城域网还允许灵活的网络结构和增减站点。

第三，广域网。广域网是将地域分布十分广泛的局域网或城域网连接起来的网络系统，它分布的距离广阔，可以横跨多地区、多国家乃至全世界，Internet 就是典型的广域网。

数字档案馆的建设将会涉及广域网、城域网技术的广泛应用。

（三）网络的拓扑结构

根据计算机网络系统中的硬件连接形式，计算机网络的拓扑结构可分为总线、环状、星状和网状等几种类型。

第一，总线结构。通过一根数据通信总线将计算机及其他设备连接在一起，而任意两台计算机之间不再有任何连接，即所有的计算机都共用一根总线，这样连接而构成的计算机网络就称为总线网络。在总线结构中，所有网上微机都通过相应的硬件接口直接连在总线上，任何一个结点的信息都可以沿着总线向两个方向传输扩散，并且能被总线中任何一个结点所接收。由于其信息向四周传播，类似于广播电台，故总线网络也被称为广播式网络。

第二，环状结构。环形网中，各结点通过环路接口连在一条首尾相连的闭合环形通信线路中，环路上任何结点均可以请求发送信息。环状结构的网络中，每台计算机不仅能接收信号，而且能把接收到的信号放大后传给下一台计算机。由于环线公用，一个结点发出的信息必须穿越环中所有的环路接口，信息流中目的地址与环上某结点地址相符时，信息被该结点的环路接口所接收，而后信息继续流向下一环路接口，一直流回到发送该信息的环路接口结点为止。信息在环路中总是沿固定方向单向流动，两台计算机之间只有唯一的通路，故路径的选择和控制都非常简单。并且在网络中的每台计算机都具有平等的访问机会，一台计算机发生故障，整个网络将不能正常传送信息。

第三，星状结构。星型布局是以中央结点为中心与各结点连接而组成的，各结点与中央结点通过点与点方式连接，中央结点执行集中式通信控制策略，因此中央结点相当复杂，负担也重。以星型拓扑结构组网，其中任何两个站点要进行通信都要经过中央结点控制。中央结点的主要功能有：为需要通信的设备建立物理连接，在两台设备通信过程中维持这一通路；在完成通信或不成功时拆除通道。在星状网络中，如果某台计算机与中间设备的连接出现问题，仅影响该计算机的数据收发，整个网络仍能正常工作；但如果中间设备出现故障，则整个网络将瘫痪。

第四，星状总线结构。星状总线结构是总线拓扑和星状拓扑的结合体。在星状总线结构中，当某台计算机出现故障时，不会影响到网络中的其他计算机。但如果某个中间设备出现故障时，所有与该中间设备连接的计算机都不能使用网络，并且网络中的其他计算机也不能与这些计算机进行通信。

第五，网状结构。在网状结构中，每台计算机与其他计算机之间都有一条以上的直接连线相连。网状结构是容错能力最强的网络拓扑结构。在网状结构的网络中，如果某一台计算机发生故障，网络的其他部分仍然可以运行；如果某一段线缆发生故障，数据可以通过其他计算机或线路到达目的计算机。

（四）网络的连接设备

常用的网络设备有：网络接口卡、中继器和集线器、网桥和网络交换机、调制解调器、路由器和网关。

第一，网络接口卡。网络接口卡（网卡），又叫网络适配器。网卡是插在计算机总线槽内或某个外部接口上的扩展卡，它与网络程序配合工作，负责将要传送的数据转换为网上设备能够识别的格式，通过网络介质传输，或从网络介质接收信息，转换成网络程序能够识别的格式，提交给网络操作系统。有的计算机主板上可能有集成的网络接口。

第二，中继器和集线器。①中继器。由于传输介质存在电阻、电容和电感，当信号在电缆上传输时，信号的强度会逐渐减弱，信号的波形也会逐渐畸变。如果网络延伸的距离超出了限制，就需要使用中继器来对信号放大，使信号能够传输更远而不会衰减到无法读取的程度。②集线器。集线器是对网络进行集中管理的最小单元。用集线器构成的网络是一个星形拓扑结构的网络，集线器是网络的中心节点。从本质上来说，集线器是一个多端口的中继器。

第三，网桥和以太网交换机。①网桥。网桥是多个网段的连接设备，也是网络分隔设备。它能将两个（或多个）物理网络（段）连接成一个逻辑网络，使这个逻辑网络的行为从网络层看起来像一个单独的物理网络一样，也可以将一个较大的 LAN 分割为多个网段，或将两个以上的 LAN 互联为一个逻辑 LAN。无论哪种情况，LAN 上的所有用户都可以访问服务器。

网桥监听所有流经它所连接的网段的数据帧，并检查每个数据帧中的 MAC 地址，依此决定是否将数据帧发往其他网段。网桥还可以是一个存储转发设备，具有对数据帧进行缓冲的能力。

②以太网交换机。以太网交换机提供桥接能力，具有在现存网络上增加带宽的功能。近年来人们逐渐采用一种叫作以太网交换机的设备来取代网桥和路由器对网络实施网段分割。交换机既能解决网络分段问题，又能解决分段带来的网络主干拥挤问题。采用以太网交换机作为中央连接设备的以太网，称为交换式以太网。

第四，路由器。路由器是互联网的主要节点设备，是不同网络之间相互连接的接口和导航设备。一个路由器有多个网络接口，分别可以连接一个网络或另一个路由器，能够连接相邻或远距离的网络，能够连接截然不同的网络，并通过隔离网络的一部分来防止网络瓶颈的产生，保护网络免受入侵。路由器是在 OSI 模型的网络层连接多个 LAN，具有内置的智能化功能，指导数据包流向特定的网络，可以研究网络流量并快速适应在网络中检测到的变化，能够有效地指导数据包从一个网络传输到另一个网络，减少过度的流量。

第五，网关。网关是网络层以上的互联设备的总称，是实现互联、互通和应用互操作的基础设施。通常多用来连接专用系统，常见的网关有两种：协议网关和安全网关。网关是一种概念，或是一种功能的抽象。网关的范围很宽，在工 CP/IP 网络中，网关有时所指的就是路由器；而在 MHS 系统中，为实现 CCITTX. 400 和 SMTPL 简单邮件运输协议间的互操作，也有网关的概念。SMTP 是 TCP/IP 环境中使用的电子邮件，其标准为 RFC-822，而符合国际标准的 CCITT. 400 发展较晚，但受到以欧洲为先锋的世界范围内的广泛支持。为将两种系统互联，TCP/IP 标准制定团体专门定义了 X. 400 和 RFC-822 之间的变换标准 RFC987 以及 RFC1148。实现上述变换标准的设施也称为网关。

第六，调制解调器。调制解调器是一种把传输的数字信号调制到载波上，或从载波上把数字信号分离出来的设备。多数调制解调器用于笔记本电脑，主要通过电话线实现拨号上网。

（五）网络的管理系统

计算机网络管理系统包括网络操作系统及网络应用服务系统等基础管理平台。网络操作系统除了应具有单机操作系统的功能外，还应具有网络管理功能，包括网络通信功能、网络范围内的资源管理功能和网络服务功能等。

网络管理软件的主要功能包括：对网络线路及连接设备的管理（网络部署），对网络活动的检测、控制与维护（网络控制），对网络访问及数据传输的安全管理（安全管理）。

狭义的网络管理系统指网管系统，是保障网络正常运行和合理使用的辅助工具。广义的网络管理系统不仅包含了网络正常运行，资源合理利用，杜绝入侵破坏，优化信息利用和对节点行为进行合法性控制，而且包含了对服务器、存储器等物理设备的安全监控和合法使用。在选择网络管理软件系统时，主要根据本单位业务需要、网络规模大小、资金等情况来考虑选取哪个厂家的软件系统。另外，还需要根据当前的业务发展与管理需要配置一些应用性管理工具或网络行为管理软件，以加强网络管理的功能。

（六）网络的服务器

服务器系统可能由一台或多台服务器构成，以满足各种业务的网络服务的需求。服务器是网络环境中为客户机提供各种服务的特殊的专用计算机集群系统。在网络中，服务器承担着数据的存储、转发、发布等关键任务。根据服务器所提供的资源不同，可以把服务器分为文件服务器、打印服务器、应用系统服务器和通信系统服务器等。在规划和设计网络服务器系统时，应根据网络所需要提供的服务功能来确定服务器的功能、数量、性能、连接与工作方式及所采用的操作系统等。

在实际应用中，为了充分发挥服务器的性能和潜力及节省开支，往往可将两种以上的服务器合二为一，使一台服务器具有多台服务器的功能。尤其是在资金有限、用户数量不多的档案馆内部比较实用，如 Web 服务和邮件服务共用一台服务器，文件服务和数据服务共用一台服务器等。

三、软件工程基础

在档案信息化应用系统建设的过程中，离不开软件系统的支持，而软件系统的实现和运行离不开软件工程方法学的应用和指导。软件工程基础如图 2-2：

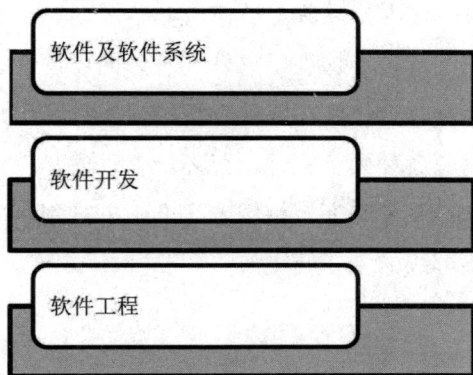

软件及软件系统

软件开发

软件工程

图 2-2　软件工程基础

（一）软件及软件系统

软件是指与计算机操作有关的程序、规程、规则以及与之有关的文件。软件包括程序和文档两部分。程序是指适合于计算机处理的指令序列以及所处理的数据；文档是与软件开发、维护和使用有关的文字材料。结合各种业务工作的开展，通过编写程序将各种业务工作在计算机上实现了模拟、互联和运行，并能够支持业务人员使用计算机来开展业务工作的系统称为软件系统。如支持档案办公人员开展网上办公的自动化系统，支持档案业务工作者实现档案信息管理和共享的档案管理信息系统等，都是软件系统。

判断一个软件系统的好坏没有绝对标准，最主要的是看该软件系统能否真正被用户使用起来，能否辅助用户完成业务工作的开展，能否提高工作的效率，能否提升管理水平，能否通过计算机的自动化处理将业务工作者从复杂的、重复的手工劳动中解脱出来。下面给出一些定性准则，以帮助软件系统使用者理解和判断软件系统的功效。

第一，正确性。正确性是指软件符合规定的需求程度。正确的软件具备且仅具备软件"规格说明"中所列举的全部功能，能够在预期的环境下完成规定的工作。但是，软件运行的背景条件正确与否，不属软件正确性考核的范畴。

第二，可靠性。可靠性是指在规定的条件和时间内软件不引起系统失效的概率，主要取决于正确性和健壮性两个方面。健壮性是指系统一旦遇到意外时能按照某种预定的方式做出适当处理，从而避免出现灾难性的后果。可靠的软件在正常情况下能够正常工作，在意外情况下亦能适当地处理，使软件故障可能导致的损失最小。

第三，简明性。简明性是指要求软件简明易读，它和软件设计语言的表达能力以及软件设计风格有关。好的软件设计风格有助于软件达到简明性要求。

第四，有效性。有效性是指软件的时间效率和空间效率要高。随着计算机硬件的快速发展，对于一般软件而言，有效性已不成问题，然而对于一些特殊的软件，仍是必须认真考虑的。

第五，可维护性。可维护性是指软件能够修改和升级的容易程度。目前它已经成为越来越重要的软件开发准则。好的可维护性要求软件有好的可读性、可修改性和可测试性。

第六，适应性。适应性是指软件使不同的系统约束条件和用户需求得到满足的容易程度。它要求软件尽可能地适应各种硬、软件运行环境，以便软件推广和移植。

对于不同用户和不同软件系统而言，使用上述准则进行判断的优先次序也是各不相同的，主要取决于用户当前要解决的主要问题。

（二）软件开发

软件开发是一个把用户需要转化为软件需求，把软件需求转化为软件设计，用软件代码来实现软件设计，对软件代码进行测试，并签署确认它可以投入运行使用的过程。在这个过程中的每一阶段，都包含相应的文档编制工作。

在软件开发过程中，一个普遍的问题是，不重视作为软件的一个重要组成部分的文档编制工作。符合要求、规范化的文档在软件开发中的作用就如同零件图纸在产品开发中的作用一样，起着表达思想、传递信息的重要作用，是保证软件开发质量、提高软件可维护性、可靠性和可生产性的重要保障。

（三）软件工程

软件工程定义了的软件开发过程，主要包括规划、分析、设计、编码、测试和维护等几个阶段。

第一，规划。规划就是对所要解决的问题进行总体定义，包括了解用户的要求及现实环境，从技术、经济和社会因素三个方面研究并论证软件项目的可行性。进而按照撰写的可行性研究报告，探讨解决问题的方案，对可供使用的资源成本、可取得的效益和开发进度做出估计，制订完成开发任务的实施计划。

第二，分析。软件分析指软件需求分析，就是回答做什么的问题。它是一个对用户需求进行去粗取精、去伪存真、正确理解，然后把它用软件工程开发语言表达出来的过程。软件分析阶段的基本任务是与用户一起确定要解决的问题，建立软件的逻辑模型，编写需求规格说明书文档并最终得到用户认可。需求分析的主要方法有结构化分析方法、数据流程图和数据字典等方法。

第三，设计。设计阶段的工作是根据需求说明书的要求，设计建立相应软件系统的体系结构，并将整个系统分解成若干个子系统或模块，定义子系统或模块间的接口关系，对各子系统进行具体设计定义，编写软件概要设计和详细设计说明书、数据库或数据结构设计说明书、组装测试计划。

软件设计可以分为概要设计和详细设计两个阶段。实际上，软件设计的主要任务就是将软件分解成模块，然后进行模块设计。概要设计就是结构设计，其主要目标就是给出软件的模块结构，用软件结构图表示。详细设计的首要任务是设计模块的程序流程、算法和数据结构；次要任务是设计数据库，常用方法还是结构化程序设计方法。

模块是指能实现某个功能的数据和程序说明、可执行程序的程序单元，可以是一个函数、过程、子程序、一段带有程序说明的独立的程序和数据，也可以是可组合、可分解和可更换的功能单元。

第四，编码。软件编码是指把软件设计转换成计算机可以接受的程序，即写成以某一程序设计语言表示的"源程序清单"。充分了解软件开发语言、工具的特性和编程风格，有助于开发工具的选择以及保证软件产品的开发质量。

软件开发除在专用场合外，目前已经很少使用 20 世纪 80 年代的高级语言了，取而代之的是面向对象的开发语言。而且，面向对象的开发语言和开发环境大都合为一体，大大提高了开发的速度。

第五，测试。软件测试的目的是以较小的代价发现尽可能多的错误。实现这个目标的关键在于设计一套出色的测试用例。如何才能设计出一套出色的测试用例，关键在于理解测试方法。不同的测试方法有不同的测试用例设计方法。两种常用的测试方法是白盒法和黑盒法。

白盒法的测试对象是源程序，依据的是程序内部的逻辑结构来发现软件的编程错误、结构错误和数据错误。结构错误包括逻辑、数据流、初始化等错误。用例设计的关键是以较少的用例覆盖尽可能多的内部程序逻辑结果。

黑盒法依据的是软件功能或软件行为描述，发现软件的接口、功能和结构错误。其中接口错误包括内部/外部接口、资源管理、集成化以及系统错误。黑盒法用例设计的关键同样也是以较少的用例覆盖输出和输入接口。

第六，维护。维护是指在已完成对软件的研制工作并交付使用以后，对软件产品所进行的一些软件工程的活动。维护就是根据软件运行的情况对软件进行适当修改，以适应新的要求，纠正运行中发现的错误，编写软件问题报告、软件修改报告。

一个中等规模的软件，如果研制阶段需要一年至二年的时间，在它投入使用以后，其运行或工作时间可能持续五年至十年，那么它的维护阶段也是运行的这五年至十年。在这段时间，人们几乎需要着手解决研制阶段所遇到的各种问题，同时还要解决某些维护工作本身特有的问题。做好软件维护工作，不仅能排除障碍，使软件正常工作，而且还可以使它扩展功能、提高性能，为用户带来明显的经济效益。

在实际开发过程中，软件开发并非从第一步进行到最后一步，而是在任何阶段，在进入下一阶段前一般都有一步或几步的回溯。在测试过程中的问题可能要求修改设计，用户可能会提出需要修改需求说明书等。

四、管理信息系统基础

管理信息系统是管理学科发展的一个重要领域，也是现代化管理与软件工程相结合的软件产物。管理信息系统的广泛使用对国民经济的发展、企事业单位的有效运行有着极为重要的作用和意义。档案管理信息系统是现代档案管理的重要支撑技术和实现档案工作现代化管理的重要手段。"电子档案的真实、完整、可用与安全，很大程度上依赖于电子档案管理系统的功能完整性、运行稳定性。"[1]

（一）信息

信息是知识经济时代普遍存在和应用最广泛的概念。从信息系统的角度来看，信息是经过加工后有特定用途的数据，是关于客观事实的可通信的知识。信息具有事实性和可传递性，从而衍生出共享性、扩散性、时效性、可压缩性和等级性。

第一，信息具有事实性。信息来源于数据，又不等同于数据，数据经过处理仍然是数据，只有经过解释的数据才能成为信息。信息是形成知识的基础，人们通过各种分析和统计模型得到反映客观事物正确的信息，构成知识的一部分。对数据、信息和知识的处理有着不同的层次。信息系统处理数据，人处理信息和知识。

第二，信息具有可传递性。信息是可通信的，是建立事物相互关联的基础。由于人们通过感觉获得的信息是极为有限的，大量信息需要通过信息的传输工具获得，信息系统能够充当这种传输工具。

第三，信息具有共享性。信息可以通过传递让许多人共享。信息也可以交换，它的交换具有叠加性。因此，信息交换的结果是使信息实现共享。

第四，信息具有扩散性。扩散是信息的本质，信息通过多种渠道向各个方向扩散。信息的密度越高，扩散的速度越快，扩散的面也越宽。

第五，信息具有时效性。从发送信息的角度看，经过收集、加工、传递到利用都存在时间间隔，如果间隔太长，获得的信息可能已经失去作用。

第六，信息具有可压缩性。通过对信息的压缩，排除其中的冗余信息，可以提高信息存储容量、传输速度和利用效率。

第七，信息具有等级性。由于管理分等级，不同等级的管理要求获取不同的信息。所以，信息也是分等级的。管理一般分为高、中、低三级，信息相应地也就分为战略级、管理控制级和执行级。

（二）系统

系统是在一定环境中相互联系和相互作用的若干部分组成的具有某种功能的集合。一个系统内可能包含许多功能各异的子系统，这就意味着系统可以具有多层结构，一个系统的整体功能往往大于单个子系统的功能之和。系统这一术语被广泛使用，如城市的交通管理系统、人体的神经系统、硬件系统、软件系统等。系统往往包含了管理体制、运行机

---

[1]　李照南：《基于电子档案管理技术及功能的几点思考》，载《兰台世界》2022年第S1期，第17页。

制、标准规范、数据处理、业务活动和人等全部内容。

（三）信息系统

信息系统是能够收集、处理、储存和分配信息，用以支持组织或个人开展工作、管理、控制和决策等一系列活动的系统。信息系统管理的对象是信息，随着信息技术的发展，各种类型的信息系统脱颖而出，如管理信息系统、计算机集成制造系统、决策支持系统、知识管理系统等，都是我们熟悉的计算机软件信息系统。

（四）管理信息系统

管理信息系统是一个人机交互的综合系统，以计算机为依托，以业务活动为主体，以信息为管理对象，是一个能够支持人们开展各项业务活动和执行各项职能的系统化和集成化的软件系统。广义的 MIS 系统不仅能实现一般的事务处理，以降低管理人员的手工劳动强度，而且能够通过对数据进行处理、管理、分析和统计，为组织和领导提供辅助决策信息，为管理决策的科学化提供基本依据。

从信息管理的角度出发，管理信息系统对数据的处理主要包括数据采集、数据处理、数据维护、数据利用等过程；从业务的角度来看，管理信息系统能够根据各行各业业务活动的不同而支持工作人员开展各项工作，使人们能够对工作过程中产生的各种数据和信息进行全面的管理与分析，进一步提高管理水平，优化业务流程，将现代管理思想和方法融入具体的业务工作中。

因此，构成管理信息系统的四大要素是人、业务、数据和现代信息技术。现代信息技术是基础；业务是支柱，业务工作中融入了现代管理理念，业务流程决定了管理信息系统的功能框架；数据是需要管理和处理的对象；人是能够实现、理解和正确使用管理信息系统的主体。

（五）档案管理信息系统

档案管理信息系统（AMIS）是以现代信息技术为支撑、以档案信息为管理对象、以档案工作为核心而实现的管理信息系统，它是辅助档案管理人员开展现代档案管理工作的软件系统，是实现现代化档案管理和提供档案方便利用的基本系统，也是开展档案信息化工作之初，首先接触的面向档案管理业务的应用软件系统。现代档案业务模式的变化和职能的拓展，为管理信息系统的设计与实现提出了很多新的要求。

1. 理念的变革

档案信息化促进了档案管理变革过程，它包括档案内容的信息化、管理方法的信息化、工作模式的信息化、工作目的的信息化。档案内容信息化就是档案的数字化过程；管理方法的信息化就是将现代管理思想、方法和手段运用到档案工作中；档案工作模式的信息化就是借用现代信息技术提高工作效率，加强科学管理；工作目的的信息化就是要充分体现和适应档案资源的历史性、知识性和文化性，把工作目的转变为充分挖掘档案资源，最大限度地体现档案的价值，发挥档案的社会效益。档案工作者需要在这样一个全新的应用理念指导下设计、实现和使用档案管理信息系统。

2. 广泛的适用性

网络环境下，档案管理信息系统的概念已经不再是一个简单的 Access、FoxPro 或者 Excel 单机文件的概念，也不是就档案而管理档案的简单的局域网运行系统，它是一个跨地域、跨平台、跨系统集成运行、统一管理、分布式数据存储的广域网环境下全新模式的应用系统。在系统设计和实现方面应该具有更高的要求，主要包括以下特点。

（1）支持多类型用户的访问。无论是局域网（内网）、专用网（专网）或互联网（外网）上的各类用户，都可以采用客户服务器、浏览服务器两种系统运行模式来实现对系统数据和信息的访问，方便用户的使用。

（2）灵活可配置性特点。系统采用"软总线"设计思路，实现即插即用软件功能的灵活配置，既保证了系统的灵活可摘挂性，又增强了系统的可扩充性。

（3）应用环境的广泛适应性。系统通过提供 C/S① 和 B/S② 两种访问模式，可以适应不同的应用环境，无论是在单机环境下，还是在局域网与广域网环境下都可以安装运行。

（4）档案数据库结构的灵活构建。不同的档案馆其档案分类方法有所区别，其档案信息的元数据格式和名称也不完全相同，系统提供灵活的能够根据用户实际需求构建档案信息数据库的功能，并实现对存储在数据库中数据的灵活访问和统一管理。

（5）数据级的用户权限管理特点。根据档案业务管理岗位的不同和档案利用者检索利用范围的不同，建立多用户权限管理机制，使不同的用户只能看到或操作其权限范围内的档案数据和系统信息。

（6）跨库检索。系统除了能够实现分类检索功能外，还应提供跨库检索功能，即当用户不确定所需要检索的信息存放在哪个数据库时，可以采用系统提供的跨库检索功能，方便地找到相关信息。

---

① 服务器–客户机，即 Client–Server（C/S）结构。C/S 结构通常采取两层结构。服务器负责数据的管理，客户机负责完成与用户的交互任务。

② B/S 结构（Browser/Server，浏览器/服务器模式），是 WEB 兴起后的一种网络结构模式，WEB 浏览器是客户端最主要的应用软件。这种模式统一了客户端，将系统功能实现的核心部分集中到服务器上，简化了系统的开发、维护和使用。

（7）个性化功能的扩展。能够根据各档案馆业务的个性化要求和未来业务扩展的需要集成后开发个性化功能模块。

（8）功能组件的动态扩展。支持组件级的功能扩展，随着系统实施范围的扩大，扩展AMIS 的基本功能组件，并不断积累典型档案馆的应用原型，为同类档案馆的实施提供参考模型。

五、数字信息存储基础

数字化档案信息的存储至关重要。通常采用的存储设备有半导体存储器、磁存储器和光存储器。其中，半导体存储器主要用于存储微机运行期间的程序及其所用的数据，称为主存储器或内部存储器。磁存储器和光存储器被称为外部存储器，其主要作用是长期存放计算机工作所需要的系统文件、应用程序、用户程序、文档和数据等。目前，最常用的有软盘、硬盘（可移动硬盘）、光盘、磁带、移动存储器（U 盘、MP3）等。

第一，软盘。软盘存储器由软盘、软盘驱动器和软盘适配器三部分组成。软盘是活动的存储介质，软盘驱动器是读/写装置，软盘适配器是软盘驱动器与主机连接的接口。软盘适配器与软盘驱动器安装在主机箱内，软盘驱动器插槽暴露在主机箱的前面板上，可方便地插入或取出软盘。由于软盘的容量较小，一般用作数据交换的临时存储介质，在存储方面逐渐被淘汰，建议档案馆将由软盘存储的数据尽快转到或迁移到其他存储设备上。

第二，硬盘。硬盘存储器是由电机和硬盘组成的。根据容量，一个机械转轴上串有若干个硬盘，每个硬盘的上下两面各有一个读/写磁头。硬盘在读写速度和容量上都要远远优于软盘。是一个非常精密的设备，被密封在一个窗口之中。

第三，光盘。光盘存储器是利用光学原理进行信息读写的存储器。光盘存储器主要由光盘、光盘驱动器和光盘控制器组成。光盘是存储信息的介质，光盘主要分为只读型光盘和读写型光盘。只读型指光盘上的内容是固定的，不能写入、修改，只能读取其中的内容。读写型则允许人们对光盘内容进行修改，可以抹去原来的内容，写入新的内容。用于微型计算机的光盘主要有 CD-ROM、CD-R/W 和 DVD-ROM 等几种。

光盘的主要特点是：存储容量大、可靠性高，只要存储介质不发生问题，光盘上的信息就永远存在。光盘驱动器是大容量的数据存储设备，又是高品质的音源设备，是最基本的多媒体设备。一张 4.72 英寸 CD-ROM 的容量可以达到 600MB。

第四，磁光盘。MO（Magneto Optical Disk）磁光盘是传统的磁盘技术与现代光学技术结合的产物，MO 驱动器采用光磁结合的方式来实现数据的重复写入，MO 盘片可重复读写 1000 万次以上。同时，由于 MO 盘片还带有保护壳，因此 MO 在多方面的性能上都要强于 CD-R/RW，具有超高的安全性和稳定性。MO 必须使用专门的 MO 存储器来读取，就像光盘驱动器一样，读写速度、转速、平均寻址（存取）时间、支持的盘片容量以及接口等是衡量 MO 存储器的主要指标。与 CD-ROM/CD-RW 相比，MO 的兼容性差，价格贵，读写速度慢，但操作方便。使用 MO 就像操作一个普通的硬盘那样随时存取，软件甚至可以直接在 MO 上运行，存储容量规格有 650MB、1.2GB、2.3GB、2.6GB、4.8GB、5.2GB、8.6GB、9.1GB，尽管 MO 的读取数据速度还比不上硬盘，但保存寿命可以延长至 50 年以上，具有"永久性"光盘之赞誉，因此 MO 在长期、稳定保存固定内容的档案信息时起到非常重要的作用，是备份数字化档案信息的主要设备。

第五，U 盘。U 盘的存储介质是快闪存储器，它和一些外围数字电路被焊接在电路板上，并封装在硬脂塑料外壳内。它可重复擦写达 100 万次，防潮耐高低温（−40～70℃）。有的 U 盘内部还设计了用来显示其工作状态的指示灯并提供了类似软盘的写保护，用一个嵌入内部的拨动开关来实现，它可以控制对 U 盘的写操作。有了它，可减少由于操作失误造成数据丢失的机会。

第六，移动硬盘。移动硬盘是以硬盘为存储介质、强调便携性的存储产品。目前市场上绝大多数的移动硬盘都是以标准硬盘为基础的，只有很少一部分采用微型硬盘（1.8 英寸硬盘等）。移动硬盘数据的读写模式与标准 IDE 硬盘是相同的，多采用 USB、IEEE1394 等传输速度较快的接口，可以较高的速度与系统进行数据传输。移动硬盘具有容量大、传输速度快、使用方便、可靠性较强等优点。

在档案馆进行馆藏档案数字化的加工过程中，移动硬盘是通常使用的设备，这是由于数字化信息档案的不断增加需要随时做"过程"备份。只有在加工完成后，才将数字化信息发布到网络在线存储器上提供服务利用，同时也将已经稳定的数字化信息采用 MO 或光盘进行备份。这是数字化设备资源使用的可取的节约型方案。

第七，磁盘阵列。磁盘阵列是把多块独立的硬盘按不同的方式组合起来形成一个硬盘组（逻辑硬盘），从而提供比单个硬盘更高的存储性能并提供数据备份技术。组成磁盘阵列的不同方式成为 RAID 级别。数据备份的功能是在用户数据一旦发生损坏后，利用备份信息可以使损坏数据得以恢复，从而保障了用户数据的安全性。

第三节　档案管理工作的发展

一、文档管理一体化和图书、情报、档案管理一体化

（一）文档管理一体化

"当前，档案管理越来越受重视，有力地推动了档案管理模式的转型升级。"[①] 文档管理的一体化是指，从文书和档案工作的全局出发，实现从文件的制发到归档的全过程管理，将文件管理和档案管理融为一体，即将现行文件的产生、归档及档案管理纳入一个管理系统，采取统一的工作制度、程序和方法，而不再将文件管理和档案管理视为两个相互独立、界限分明的管理系统，从而有效地减少了重复劳动，提高了文档管理工作的效率。文档一体化具体应包括：

第一，文档实体生成一体化，即对公文、档案从生成、流转、归档形成档案直至被销毁为止的整个生命周期进行全面管理。

第二，文档管理一体化，从管理体制、组织机构、人员配备等方面保证一体化的实现。

第三，文档信息利用一体化，可直接通过文档检索系统查找所需要的文件或档案。

第四，文档规范一体化，文档一体化要求在公文办理和档案管理中实施统一协调的规范和要求。

文件生命周期理论是文档一体化的理论依据。文件生命周期理论认为，文件从其产生到最终销毁或进馆永久保存是一个完整的生命运动过程，档案与文件并没有本质的区别，实质上是同一事物，两者只不过处于不同的生命阶段而已。因此，将文件与档案纳入一个统一的管理系统，实行一体化的管理，遵循了文件运动的客观规律。

计算机技术的应用，办公自动化的普及以及档案管理网络化的发展，为文件和档案的一体化管理提供了技术环境。在办公自动化条件下，人们可以轻松地在计算机上起草文件并通过网络进行传输和办理，最后决定是否销毁或归档保存，文件与档案之间不再有明确的界线。利用文档一体化管理软件，人们可以随时将已经处理完毕的文件归档。而在传统的管理模式中，文件管理和档案管理是两个相互独立的阶段，文件办理完毕以后归档整理

---

① 杨玚：《档案管理信息化的科学发展路径与创新》，载《文化产业》2022 年第 23 期，第 13-15 页。

的周期较长，文件转化为档案有一个明显的过程，在此过程中，不可避免地造成了重复劳动，如文件的重复著录和标引等。

文档一体化系统是实现电子文件全过程管理和前端控制的重要平台。在文档一体化系统中，可以对电子文件的产生、运转、归档管理或销毁的全过程实施控制和管理，更为重要的是，档案人员可以从系统的设计之初就介入其中，使系统的设计和实施能够体现文件的档案化管理思想，这对于保证电子文件的真实性和完整性极为重要。

（二）图书、情报、档案一体化管理

图书、情报、档案各有其特点，图书具有比较系统的知识体系，情报是用来消除不确定性的特定信息，档案是记录人们社会活动的原始信息，但三者在功能上可以互补。随着现代信息技术的发展，三者的一体化管理方案将日趋成熟。图书、情报、档案一体化的管理模式具有突出的优势：首先，可以提高信息的综合度，充分组织和开发利用各类信息资源，满足生产、生活、领导决策和文化传播综合、集成的信息需要；其次，可以优化单位的资源配置，实现资源共享，近年来，许多大型企业在以前图书室、资料室和档案室的基础上进行资源重组，建立了企业信息中心，对图书、情报和档案实施一体化管理，将它们纳入统一的信息管理系统，能够充分利用各类信息资源，实现资源共享；最后，图书、情报、档案的一体化管理适应了社会信息化和数字网络环境对于各类信息综合集成的管理需要和利用需要。在信息网络环境下，图书、情报、档案等各类信息资源将不再是界限分明的孤岛，而是相互渗透、相互连接的信息集成。

当前，随着计算机技术、网络技术和现代通信技术的发展，两个"一体化"管理的发展趋势日趋明显，相应地，要求档案工作者改革思想观念，开阔视野，积极向纵向和横向延伸。所谓纵向，是指向前延伸至文件管理，应熟悉文件管理的理论与方法。所谓横向，是指图书与情报管理。档案作为一种独特的信息资源，与图书、情报之间存在密切的联系，档案工作者应该了解图书、情报工作的原理和方法，为三者的一体化管理奠定基础。

二、档案管理手段数字化与网络化

20 世纪中后期以来发生的以计算机技术为代表的现代信息技术革命，使档案管理的方式发生了变革，由传统的手工管理方式向数字化和网络化方向发展。所谓档案管理的数字化，是指借助计算机技术等现代信息技术，直接生成数字档案信息，或通过数字化技术，将存贮在传统介质上的模拟档案信息转换成数字信息，便于档案信息的网络传输和共享。数字化档案的产生主要有两个渠道。一是在数字网络环境下（尤其是在办公自动化环境下）直接产生大量的电子文件，通过在线或离线方式归档以后转化成电子档案。二是通过

馆藏数字化，将原来存贮在纸张、缩微胶片、唱片、录音带、录像带等载体上的档案信息通过数字化处理后转换成数字信息，形成电子档案。数字化档案是实施档案网络化的必要前提。随着互联网的普及，档案管理网络化已是大势所趋。所谓档案管理网络化，是指通过网络接收、传递、开发和利用档案信息。档案管理数字化和网络化已经打破长期以来在纸质环境下形成的传统、封闭的档案管理模式，极大地提高了档案管理效率，为数字环境下档案信息的组织、开发和提供利用奠定基础。

三、档案管理对象的变革

数千年来，档案管理的主要对象一直是纸质的，人们对纸质档案的特征了如指掌，总结出了主要是针对纸质档案的较为全面、成熟的档案整理、鉴定和保管方式，积累了许多管理经验，并将其提升为档案管理的基本理论。而 20 世纪中后期以来的现代信息技术革命打破了纸质档案一统天下的格局，以计算机技术等数字技术为依赖的电子文件得以产生并大量增长，而且在互联网的普及过程中受到越来越广泛的认同，彻底的无纸化办公时代似乎为期不远了。那么，纸质档案是否会彻底消失，电子文件是否会完全取代纸张文件呢？答案是否定的。由于人们阅读和使用纸张的习惯，以及电子文件本身在长期保持信息的完整和真实方面的缺憾等多种原因，使得纸质档案和电子文件将长期并存。电子文件的出现对档案管理工作提出了挑战，需要档案人员在对电子文件的管理实践中努力探索与之相适应的理论和方法，并处理好纸质文件和电子文件在管理中的衔接问题。

四、档案管理工作内容向档案信息组织与管理发展

由于档案原件具有不可替代的凭证性，长期以来，人们对档案实体的收集、整理和保管工作倾注了大量心血，而对组织和管理档案信息资源有所忽略。随着信息社会的来临，社会信息意识的觉醒和加强，档案——这种承载原始信息的文献越来越多地受到了社会的关注，档案的信息资源属性日益彰显。组织、管理和开发档案信息资源，提供档案信息为社会各界服务是当前社会信息化发展的需要，也是档案管理工作为适应信息化环境而促使自身发展的需要。档案管理工作的内容在社会信息化进程中正逐步发生着一个明显的变化，即从对档案实体的管理深入到对档案信息的组织和管理。档案信息的组织和管理具体涉及档案检索、档案编研和开发利用工作。当前，这几项工作已经发展成为相对独立的档案管理工作。在实践中，我国采取了简化文件实体整理、深化检索的改革措施。我国自 2000 年以来实施了立卷改革，规定文书档案的整理改"卷"为"件"，旨在简化整理，减少档案人员在档案实体整理环节上付出的劳动和时间，为深化和突出后期的档案检索和开发利用工作提供更充裕的精力和时间。

五、档案馆的公共性与社会化服务将越来越突出

在我国，各级国家档案馆作为法定的保管国家档案资源的管理机构，属于科学文化事业机关，它所应具备的社会化服务功能尚未得到很好的发挥，长期以来，更多地扮演了党和政府的机要部门的角色。在我国政府职能转型和电子政务建设的过程中，加强政府的公共管理职能被普遍关注，与此相应，拓展国家档案馆的社会服务功能，突出其公共性的呼声日益高涨，公共档案馆的名称和概念开始越来越多地被人们使用和认可。公共档案馆由国家设立，其宗旨是面向社会和所有公民提供全方位的服务，其馆藏主要是国家机构和相关组织在公务活动中形成的公共档案以及其他反映社会各阶层活动的档案材料，其服务对象是全体公民，并为利用者提供良好的阅档环境。长期以来，我国各级国家综合性档案馆在馆藏结构和服务对象等方面的定位是以党和政府的机关部门为主，馆藏档案以各级党和政府部门的文书档案居多，而科技档案以及记载当地社会团体和公民的档案较少，加上档案馆封闭的服务方式，使档案馆与社会公众之间有一定程度的疏离。因此，只有在改善馆藏机构，丰富馆藏内容，加强档案馆社会化服务功能的基础上，才有可能使我国的各级国家综合性档案馆真正发挥公共档案馆的职能。

第三章　城建档案及其工作内容阐释 ◀◀◀◀◀◀◀

第一节　城建档案概述

"城建档案是城市建设的重要产物，也是城市建设发展的见证者。"[①] 城建档案是在城市规划、建设、管理工作等活动中形成的，是城市规划、建设、管理的依据和必要条件，又是城建档案工作的对象。充分认识和利用城建档案，对科学地建设城市和管理城市，提高城市建设的经济效益、社会效益，维护国家利益，保障人民的合法权益等，都具有十分重要的现实意义和深远的历史意义。城建档案工作是城市建设的一项基础性工作，是城建事业不可或缺的组成部分。城建档案工作者要做好城建档案工作，必须学习、了解、掌握城建档案工作的基本理论知识和相关的专业技术知识。

一、城建档案含义

城建档案是人们在城乡规划、建设、管理、科研工作等活动中形成的，对国家和社会具有保存价值的文字、图纸、图表、声像以及特定实物等各种形式和载体的历史记录。

这一定义的基本含义有以下三个方面。

第一，城建档案是人们在有关城乡建设的社会实践活动中形成积累的。这一含义说明了城建档案的来源和性质。城建档案是人们从事城建活动的产物，是一种社会现象，而不是自然现象。在纷繁复杂的社会里，档案总是依附人类社会实践活动形成的文件为来源有规律地形成。城建档案来源于城乡规划、设计、施工、管理和科研等城乡建设的具体实践活动，产生于从事城乡规划、设计、施工、管理和科研等各个领域的组织和个人。这就是说，城建档案的形成必须以人们的城建活动为前提，并且是由城建活动的具体内容所决定的。

第二，城建档案是对国家和社会具有保存价值的历史记录。这实际是对城建档案保存

---

① 　郭芳：《城建档案的作用及特点》，载《未来城市设计与运营》2022 年第 5 期，第 70—72 页。

范围的确定，是城建文件转化为城建档案的重要前提。档案与文件既有联系，又有区别。文件是形成档案的基础，档案是文件的精华，档案是人们按照文件的运动规律，自觉地从已形成的文件中鉴别挑选后才保存下来的。文件作为档案保存是有条件的。首先，城建档案是有保存价值的。当城建文件材料在办理完毕之后，其中一部分随着现行效用的完成，已失去存在的社会价值和生命力。而另一部分文件，由于对国家和社会仍具有使用价值，被保留下来转化为城建档案。因此，保存价值是城建档案存在的内在依据，也是文件转化为档案的前提条件。其次，城建档案是城市建设实践活动的直接记录。一方面，它是当时、当事的原始记录，具有历史性；另一方面，它是建设活动的产物，具有记录性。

第三，城建档案的载体形式多样。城建档案是城建实践活动的产物，是对城建事物的意识记录，这种记录必须附着在一定的物质材料上才能得以体现，这就是所谓的载体。从城建档案的形式来看有直接载体和间接载体两种。直接载体也可以理解为内在形式，它分为两个层面：一是记录人们认识的具有一定意义的符号信息，如文字、图形、音频、视频、数码等；二是载体承载内容的方式，如人工书写、人工绘制、机器打印、印刷、晒制、摄影、洗印、录像、录音、磁性记录、激光记录等。间接载体也可以理解为外在形式，也就是承载和传递符号的客体，如纸张、胶片、磁带、磁盘、光盘、硬盘以及特定的实物材料等。城建档案形式的多样性，是随着社会科技的发展而不断增多。不同的时代具有不同的特征，但无论怎样，内容和形式是构成城建档案的基本要素，只有内容和形式的统一，才构成城建档案这一事物。

以上三方面含义基本上包含了城建档案的特征和其概念的内涵和外延。片面地强调其中的一点，便可能导致对城建档案完整概念的误解。因此，正确了解城建档案的定义及其含义，有利于城建档案工作者正确认识和掌握城建档案的特点及其形成规律，明确城建档案的性质和范围，为科学地管理城建档案，充分发挥城建档案的社会作用奠定基础。

二、城建档案属性

属性，是事物本身所固有的不可缺少的性质；是物质必然的、基本的、不可分离的特性，又是事物某个方面质的表现。一定质的事物常表现出多种属性，有本质属性和一般属性的区别。

城建档案的属性，是指城建档案这一事物本身所固有的性质。城建档案有与其他文献资料共有的特性，又有与其他文献资料不同的个性。城建档案的属性主要有以下方面（图3-1）。

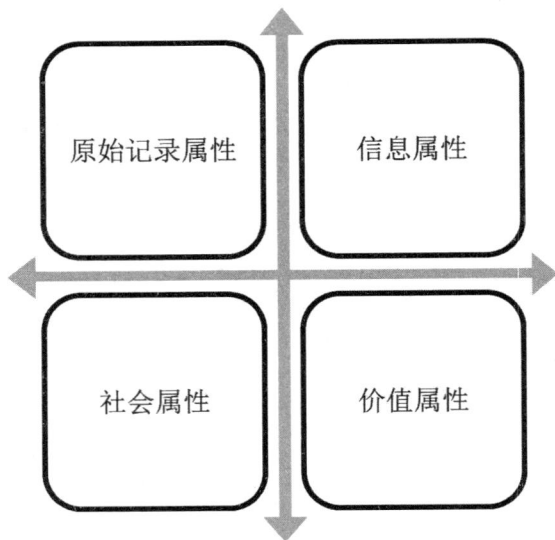

图 3-1　城建档案属性

（一）原始记录属性

原始记录性是城建档案的本质属性，它决定了城建档案与其他文献资料有着明显不同的区别。

从城建档案的产生和形成来看，城建档案有其固有的本质属性。在城市建设活动中，需要进行勘察、规划、设计、施工、安装、检测、管理等一系列工作，必然会形成和使用许多文件材料，而这些文件材料有的日后需要查考，具有很好的保存价值，就整理保存下来，转化为城建档案。不管城市怎样发展，人们怎样建设城市，城建档案就会有怎样的记录。因此，无论从形式和内容特征上，城建档案都具有很强的原始性，即人们通常所说的第一手材料。城建档案又是一种历史记录，它是随着城建活动的客观需要而形成的。城市建设成果有两个方面：一是物质成果，即以建筑（构筑）物为形式的物质产品；二是技术成果，即以图纸、图表、文字、数据为形式的城建档案。城建档案属于城市建设实践活动的真实记录。一方面，它是当时、当事直接形成的；另一方面，它是建设活动的产物，是以具体内容反映其形成单位或个人特定活动的历史记录物，具有很强的历史记录性。在永无终止的城市建设活动中，城建档案作为见证城市建设的原始记录被保存下来。后人要建设城市、管理城市，就要了解过去的历史。历史上的记载虽然有图书、资料等许多种，唯独档案才是原始记录的第一手材料。这是城建档案不同于其他文献资料的最大特点，也是档案最真实、最可靠、最为宝贵的根本所在。

城建档案是积累和传播知识的一种形式。城建档案产生于城市建设活动中，承载着城市建设实践活动的大量事实、数据、经验、成果和理论等知识，反映了人们对城市建设、管理的客观事物、现象的认识，是人类认识自然、改造世界的智慧和结晶。档案之所以能世代流传，就是因为其记录的知识可供人们借鉴参考。城建档案记载着城市建设、管理的经验与知识，能为当代和今后的工作借鉴和利用，从城建档案中获取有价值的知识信息，可以帮助人们更好地规划、建设、管理和研究城市。所以城建档案作为记录知识的一种载体，对人类知识的积累、传播和发展有着重要的作用，也是人们认识历史、学习知识、借鉴前人智慧的重要途径之一。

（二）信息属性

城建档案是城市的重要信息。城建档案信息作为社会信息家庭中的一员，不仅具有其他信息一样的共性：可以收集、发布、传递、存贮、检索、处理、交换和利用，而且还有其自身的特点。城建档案是城市建设活动的直接记录，是用文字、数字、图表、声像等方式存贮在一定载体上的固定信息，是能让人、物、事的历史原貌得到重现的原始信息。因此，城建档案为人们提供的是不同于其他的依据性、凭证性信息。城建档案在城市的建设发展中形成，是一种丰富而广泛的城市信息源。它与城市建设同步产生，与城市发展紧密相连，经不断积累和存贮，其数量浩瀚，内容丰富，地面、地下，无所不包，从而帮助人们在城市规划、建设、管理和科研工作中更好地了解过去、研究历史、总结经验、探求规律，把握未来提供必需的信息支持。

正确地认识城建档案的信息属性，将城建档案部门纳入城建信息系统，对于开发城建档案信息资源，实现信息共享，更好地发挥城建档案作用，具有极为重要的现实意义。

（三）社会属性

城建档案是人们在建设城市和改造城市的大环境中形成的，并非只局限于城建部门一家。城建档案产生的主体是社会性的组织和人，而城市建设本身涉及社会的方方面面，有关千家万户的切身利益，具有广泛的社会性。所以，城建档案的形成是以社会为基础，需要社会其他各部门的配合和支持。由于城建文件材料转化为城建档案后，它所含有的信息比原文件时的价值更为扩大，使用也不再局限于形成者原先的狭小范围，而是面向社会和广大公众，可以提供社会各方面的相互利用，从而发挥出更好的利用效益。因此，城建档案是具有社会作用和社会价值的重要财富，具有广阔的利用空间。

（四）价值属性

城建档案的价值属性主要体现在有益的实用性。城建档案在城建活动中产生，是在办理完毕的城建文件中挑选出的，对于日后城市规划、建设、管理和城市研究等工作有查考价值的，集中保存起来的文件材料。尽管它只是城建文件材料中的一部分，但却是具有历史保存价值的文件精华。它所包含的信息是富有查考价值的，对城市的建设发展具有重要的凭证作用和广泛的参考作用，是开展城建工作不可缺少的重要依据。因此，价值是城建文件转化为城建档案的重要条件，也是决定城建档案如何保存和保存多久的主要因素。有重要价值的城建档案就需要永久保存，传世后人，失去保存价值的档案就该剔除销毁。所以价值是客观存在的，价值属性影响着城建档案的形成和管理过程，也决定了城建档案的存与毁。

三、城建档案特点

城建档案是国家档案的重要组成部分，属于国家专门档案的一种。同其他档案相比，有其自身的特点：如综合性、成套性、动态性、权威性、专业性、地方性等。认识和研究这些特点，对于掌握城建档案的运动规律，组织城建档案工作的开展，科学管理和开发利用城建档案，都具有十分重要的指导意义。

（一）综合性

城市是一个地区政治、经济和文化的中心，是一个相互依存、相互助益的多功能、高效率的综合体。因此，城市建设并非某一部门的单一性的工作，而是一项综合复杂的系统工程。从城市的规划、建设和管理工作来看，本身相互之间就有着千丝万缕的联系。这就决定了城建档案形成内容的广泛性和城建档案形成类型的多样性。尽管城建档案仅属于科技档案中的一个门类，但它涉及建设领域30多个专业，关系到城市建设发展的各个方面。由此可见，城建档案是由不同部门、不同专业、不同内容、不同形式、不同环节在不同阶段形成的多种文件材料组合在一起的结合体，具有很强的综合性特点。而城建档案机构必须将分散在各个部门和单位的城建档案归集起来，由城建档案馆实行集中统一管理，便于档案信息资源得到更好的综合开发和利用。

（二）成套性

维护城建档案的完整、系统是城建档案管理的基本要求，也是衡量城建档案质量的重要指标。城建档案一般是以项目成套。一个项目内的档案材料是有机联系的整体。无论项目大小，尤其是工程档案，都是以项目为单位进行收集、整理、归档的，而利用也往往是按项目查找，成套使用。围绕一个项目所开展的各项活动，其形成的各种文件材料相互之间必然有着密切的联系。每项工程都有一定的建设程序，每道工序都会产生一定数量的在内容上和程序上前后衔接、左右关联的文件材料，只有完整、系统，才能使档案正确反映项目建设的全过程，揭示事物内在的因果关系。可见，城建档案的成套性完全由它的性质特点所决定。因此，我们应当切实维护城建档案的完整、系统，以便更好地实现城建档案价值。

（三）动态性

城市本身是一个延续不断、永无终止的动态变化体系。城市的建设和发展也不会停息，永远处于动态变化之中。城市功能的不断完善，使城市面貌日新月异。城建档案是城建活动的历史记录，必须真实反映城市建设的历史和现状。因此，随着城乡建设事业的不断发展，工程的建设、管理、维修、改造、扩建等变化，城建档案工作必须与时俱进，跟上城建发展的步伐，进行必要的动态跟踪管理，根据现实变化状况，对原存档案进行及时的补充、更新，使城建档案随时能全面、准确、系统地反映出地上、地下建筑物、构筑物以及管线、隐蔽工程等真实状况，以满足城市规划、建设、管理和科研工作的需要。

（四）权威性

城建档案是城市建设活动直接的原始记录，是自始至终完整反映城建活动过程的第一手材料。与其他科技文献相比，城建档案一旦形成，就具有法律效力。因此，当工程发生质量纠纷，需要查找问题，分析原因，明辨是非，追究责任，或评定工程质量等级时，都需要查阅城建档案的原始记录，依据档案材料的真凭实据来做出科学的分析和判定。因此，在同一事物有不同记载的情况下，一般都以档案材料的记录为准。可见，城建档案的权威性主要体现在它的凭证依据作用较其他记录更为可靠。

（五）专业性

城建档案的专业性特点集中表现在形成单位、形成过程、内容性质三个方面。首先，从形成单位方面来说，城建档案大多产生于专业性较强的，如规划、交通、园林、建筑、市政、管线等部门。其次，从形成过程方面来说，城建档案形成于城市规划、建设、管理、科研等各种专业活动过程中，是各类专业活动的真实历史记录，能真实反映专业活动的开展过程和结果。最后，从内容性质上看，城建档案的内容涉及很多专业，一般涉及的专业有 10 多个，大的建设项目会涉及 30 多个专业。因此，专业性也决定了城建档案必须按不同专业的特点和要求，分别进行科学的管理。

（六）地方性

城建档案是在不同地方的城市中产生的，不同的城市又各有其不同的历史背景。我国地大物博，幅员辽阔，各地因地理位置、自然环境、历史文化、社会经济、民族传统等诸多因素，造就了城市各自浓郁的地方特色。这些特色有的反映在城市的性质和功能上，有的反映在城市的格局和规模上，有的则反映在建筑风格和景观形态上。就如大城市与小城市不同；北方城市与南方城市不同；历史文化名城与新兴城市不同；内陆城市与滨海城市不同；工业城市与风景旅游城市不同；经济发达地区的城市与欠发达地区的城市不同；等等。有些地方的建筑特色和城市风貌被列为世界文化遗产，必然建立相应档案，以便更好地保护和利用。因此，作为记录和反映城市建设状况的城建档案，由于地方因素，无论是城建档案的收集门类或特色方面，还是工程项目的内容或数量方面都存在着一定的差异。城建档案馆应该根据当地的实际情况，因地制宜地做好城建档案的收集和管理。

四、城建档案范围和种类

（一）城建档案范围

城建档案的范围是由城建档案定义的外延所决定的。根据城建档案的定义，在城市规划、建设和管理工作中形成的各种业务和专业技术档案都属于城建档案。因此，城建档案的内容范围比较广泛，可从以下不同角度进行划分。

第一，从城建档案的来源，即城建档案形成单位的性质分：①党政机关建筑档案；②学校建筑档案；③医院建筑档案；④商业建筑档案；⑤住宅建筑档案；⑥工矿企业建筑档案等。

第二，从城建档案的内容分：①建筑工程档案；②市政基础设施工程档案；③公用基础设施工程档案；④交通基础设施工程档案；⑤园林建设档案；⑥风景名胜建设工程档案；⑦市容环境卫生设施档案；⑧城市防洪、抗震工程档案；⑨城乡规划档案；⑩城市勘测档案；⑪房屋拆迁管理档案；⑫勘察设计管理档案；⑬施工管理档案；⑭竣工验收管理档案；⑮房地产管理档案；⑯园林绿化管理档案；　环境保护管理档案等。

第三，从城建档案的形成时间分：①古代城建档案；②近代城建档案；③现代城建档案。

第四，从城建档案的所有权分：①国家所有；②集体所有；③个人所有。

第五，从城建档案的载体形式分：①纸质档案；②胶片档案；③磁带档案；④光盘档案；⑤缩微档案；⑥电子档案；⑦实物档案等。

（二）城建档案种类

1. 城乡规划档案

城乡规划是一定时期内城乡建设发展的总计划，是城乡建设工程设计和城乡建设管理的依据。城乡规划，包括城镇体系规划、城市规划、镇规划、乡规划和村庄规划。城市规划、镇规划分为总体规划和详细规划。详细规划分为控制性详细规划和修建性详细规划。大、中城市根据需要可以在总体规划的基础上编制分区规划。

城乡规划档案一般包括城市（镇）总体规划档案、城市分区规划档案、城市（镇）详细规划档案、乡和村庄规划档案、城乡规划基础资料等几类。

（1）城市（镇）总体规划档案。总体规划是城乡建设发展的总蓝图，是城市、镇宏观管理的主要依据。城市总体规划的主要内容包括：城市的发展布局，功能分区，用地布局，综合交通体系，禁止、限制和适宜建设的地域范围，各类专项规划等。

（2）城市分区规划档案。城市分区规划是指在城市总体规划的基础上，对局部地区的土地利用、人口分布、公共设施、城市基础设施的配置等方面所做的进一步安排。在城市总体规划完成后，大、中城市可根据需要编制分区规划。分区规划宜在市区范围内同步开展，各分区在编制过程中应及时综合协调。分区范围的界线划分，宜根据总体规划的组团布局，结合城市的区、街道等行政区划，以及河流、道路等自然地物确定。编制分区规划的主要任务是：在总体规划的基础上，对城市土地利用、人口分布和公共设施、城市基础设施的配置做出进一步的安排，以便于详细规划，更好地衔接。

（3）城市（镇）详细规划档案。详细规划是在城市总体规划的基础上，依据总体规划所确定的原则，对需要进行开发建设地区的土地使用性质/开发强度、绿化建设、基础设施建设、历史文化保护等做出具体规定。详细规划分为控制性详细规划和修建性详细规划。

（4）乡和村庄规划档案。乡规划、村庄规划，是由乡、镇人民政府从农村实际出发，尊重村民意愿，组织编制的体现地方和农村特色的建设规划。乡规划、村庄规划的内容应当包括：规划区范围，住宅、道路、供水、排水、供电、垃圾收集、畜禽养殖场所等农村生产、生活服务设施、公益事业等各项建设的用地布局、建设要求，以及对耕地等自然资源和历史文化遗产保护、防灾减灾等的具体安排。乡规划还应当包括本行政区域内的村庄发展布局。

（5）城乡规划基础资料。根据《中华人民共和国城乡规划法》（以下简称《城乡规划法》）规定，编制城乡规划，应当具备国家规定的勘察、测绘、气象、地震、水文、环境等基础资料。为了使城乡规划能够满足城乡建设发展的需要，使规划内容具有较高的科学性和现实性，在编制规划前要对城市或区域的自然、社会和现实条件等方面的资料进行收集、整理和综合分析，以便全面了解、掌握城市或区域的基本情况和发展条件，为规划编制提供科学的依据。城乡规划基础资料是城建档案的重要补充，主要包括城市历史沿革、经济、人口、资源、地形、地质、地震、水文、地名等方面的历史、现状、统计材料。

2. 城市勘测档案

城市勘测档案是对城市范围内的地质、地物、地貌进行勘察测量中形成的文件材料；是进行城市规划、建设和管理的重要依据。城市勘测档案包括城市勘察和城市测绘两大部分。勘测档案是城市建设规划、工程设计和施工的基本前提和依据。勘察档案又包括工程地质勘察和水文地质勘察档案两种。

（1）工程地质勘察档案。工程地质勘察是为研究、评价建设场地的工程地质条件所进行的地质勘探、室内实验、原位测试等工作的统称。为工程建设的规划、设计、施工提供必要的依据及参数。工程地质条件通常是指建设场地的地形、地貌、地质构造、地层岩性、不良地质现象以及水文地质条件等。

按工程建设的阶段，工程地质勘察一般分为规划选点至选址的工程地质勘察、初步设计工程地质勘察和施工图设计工程地质勘察。

（2）水文地质勘察档案。水文地质勘察是为查明水文地质条件、开发利用地下水资源或其他专门目的，运用各种勘探手段而进行的水文地质工作。根据目的、任务、要求和比例尺的不同，水文地质勘察可分为综合性的水文地质普查和专门性的水文地质勘探两类。水文地质勘察一般分为初步勘察和详细勘察两个阶段。

（3）城市测绘档案。测绘是以计算机技术、光电技术、网络通信技术、空间科学、信息科学为基础，以全球定位系统（GPS）、遥感（RS）、地理信息系统（GIS）为技术核心，将地面已有的特征点和界线通过测量手段获得反映地面现状的图形和位置信息，提供工程建设的规划设计和行政管理使用。城市测绘的主要任务是为城市建设、规划及其管理提供各种基础测绘资料。城市测绘分为控制测量、地形测量和工程测量三部分。

3. 建设工程档案

建设工程档案是在工程建设活动中形成的具有保存价值的文字、图纸、图表、声像、电子文件、实物等各种形式和载体的历史记录。建设工程档案是城建档案的核心和主体，在整个城建档案中量大面广。主要有以下方面：

（1）工业建筑工程档案（含工业厂房、车间、仓库、综合用房等建筑档案）。

（2）民用建筑工程档案（含住宅、办公、文化、教育、体育、商业、金融、卫生等建筑档案）。

（3）市政基础设施工程档案（含道路、广场、桥梁、涵洞、隧道、排水、环卫、城市照明等工程档案）。

（4）公用设施工程档案（含给水、供电、供热、燃气、公共交通、地铁、电信、广电等工程档案）。

（5）交通基础设施工程档案（含公路、铁路、水运、航运等工程档案）。

（6）园林建设和风景名胜建设工程档案（含公园、绿化、纪念性建筑、名人故居、名胜古迹等工程档案）。

（7）环境保护工程档案（含污水处理、环境治理、垃圾处理等工程档案）。

（8）城市防洪、抗震、人防工程档案（含水利、防洪、防汛、防灾、抗震、人防、民防等工程档案）等。

4. 规划管理档案

城市规划管理是城市人民政府对城市各项土地利用和建设活动进行控制、引导，它是城市规划实施的关键。城市规划管理的主要内容包括核发《建设项目选址意见书》、核发《建设用地规划许可证》和《建设工程规划许可证》、监督检查和建设工程竣工验收等。

规划管理档案是城市规划部门实施城乡规划管理过程中产生的文件材料的总称。城市规划管理档案主要分以下五个方面。

（1）建设项目选址规划管理档案。《城乡规划法》规定，按照国家规定需要有关部门批准或者核准的建设项目，以划拨方式提供国有土地使用权的，建设单位在报送有关部门批准或者核准前，应当向城乡规划主管部门申请核发《建设项目选址意见书》。城乡规划主管部门在进行核发《建设项目选址意见书》过程中形成的需要归档保存的文件材料，称为建设项目选址规划管理档案。

（2）建设用地规划管理档案。建设用地规划管理是城市规划主管部门依据城市规划确定用地面积和范围、提出土地使用规划要求，并核发《建设用地规划许可证》的行政管理工作。

《城乡规划法》规定，在城市、镇规划区内以划拨方式提供国有土地使用权的建设项目，经有关部门批准、核准、备案后，建设单位应当向城市、县人民政府城乡规划主管部门提出建设用地规划许可申请，由城市、县人民政府城乡规划主管部门依据控制性详细规划核定建设用地的位置、面积、允许建设的范围，核发《建设用地规划许可证》。以出让方式取得国有土地使用权的建设项目，在签订国有土地使用权出让合同后，建设单位应当持建设项目的批准、核准、备案文件和国有土地使用权出让合同向城市、县人民政府城乡规划主管部门领取《建设用地规划许可证》。

城乡规划主管部门在进行核发《建设用地规划许可证》过程中形成的需要归档保存的文件材料，称为建设用地规划管理档案。

（3）建设工程规划管理档案。《城乡规划法》规定，在城市、镇规划区内进行建筑物、构筑物、道路、管线和其他工程建设的，建设单位或者个人应当向城市、县人民政府城乡规划主管部门或者省、自治区、直辖市人民政府确定的镇人民政府申请办理《建设工程规划许可证》。

申请办理《建设工程规划许可证》，应当提交使用土地的有关证明文件、建设工程设计方案等材料。需要建设单位编制修建性详细规划的建设项目，还应当提交修建性详细规划。对符合控制性详细规划和规划条件的，由城市、县人民政府城乡规划主管部门或者省、自治区、直辖市人民政府确定的镇人民政府核发《建设工程规划许可证》。

城乡规划主管部门在进行核发《建设工程规划许可证》过程中形成的需要归档保存的文件材料，称为建设工程规划管理档案。

（4）城乡规划监督检查档案。《城乡规划法》规定，县级以上人民政府及其城乡规划主管部门应当加强对城乡规划编制、审批、实施、修改的监督检查。

城乡规划主管部门在进行监督检查过程中形成的需要归档保存的文件材料，称为城市规划监督检查档案。主要内容有：监督检查档案和查处违章建筑档案等。

（5）建设工程规划验收档案。《城乡规划法》规定，县级以上地方人民政府城乡规划主管部门按照国务院规定对建设工程是否符合规划条件予以核实。未经核实或者经核实不符合规划条件的，建设单位不得组织竣工验收。

5. 房屋征收补偿档案

市、县级人民政府负责本行政区域的房屋征收与补偿工作。市、县级人民政府确定的房屋征收部门组织实施本行政区域的房屋征收与补偿工作。房屋征收部门应当依法建立房屋征收补偿档案。

房屋征收补偿档案就是房屋征收部门在组织实施房屋征收与补偿工作中形成的应该归档的文件材料。主要内容有：

（1）房屋征收补偿综合文件材料，包括房屋征收决定形成的文件和房屋征收补偿形成的文件。

（2）被征收人补偿安置文件材料。

6. 建设工程勘察、设计管理档案

勘察设计管理是指建设行政主管部门为保证勘察设计的质量，保护人民生命和财产安全，依据有关法律法规对勘察设计活动进行指导、监督、规范化管理的过程。

勘察设计管理档案是指在该活动过程中产生的应该归档的文件材料的总称。勘察设计管理档案，主要包括三方面。

（1）勘察设计资质资格管理档案。

第一，单位资质管理档案。国家对从事建设工程勘察，设计活动的单位，实行资质管理制度。建设工程勘察、设计只有在获得相应的资质等级后，才能在资质证书规定的业务范围内从事相应的勘察、设计业务。为此，建设行政主管部门必须加强对勘察设计单位资质的动态管理，实行资质年度检查制度并公布检查结果。

单位资质管理档案，就是建设行政主管部门对勘察、设计单位在资质申请、审批、年检、监督管理过程中形成的应该归档的文件材料。

第二，人员资格管理档案。国家对从事建设工程勘察、设计活动的专业技术人员，实行执业资格注册管理制度、个人执业资格准入管理、人员资格动态管理制度。如注册建筑师等。

人员资格档案，就是建设行政主管部门对建设工程勘察、设计人员在考试、注册、执业、动态管理、备案过程中形成的应该归档的文件材料。

（2）勘察设计文件审查档案。建设行政主管部门或委托的勘察设计文件审查机构应当对勘察设计文件中涉及公共利益、公众安全、工程建设强制性标准的内容进行审查。施工图设计文件未经审查批准的，不得使用。

勘察设计文件审查档案，就是建设行政主管部门或勘察设计文件审查机构在审查工程勘察设计文件过程中形成的应该归档的文件材料。包括：勘察设计文件审批、施工图设计文件审查等。

（3）勘察设计行政执法档案。勘察设计单位和个人违反有关法律法规，由建设行政主管部门依据法定职权进行行政执法。

勘察设计行政执法档案就是建设行政主管部门在进行行政执法过程中形成的应该归档的文件材料。

7. 工程建设管理档案

（1）施工许可证档案。工程开工前，建设单位应当按照国家有关规定向工程所在地建设行政主管部门申请领取《施工许可证》。建设行政主管部门应当在规定期限内，对符合条件的申请单位颁发《施工许可证》。

施工许可证档案，就是建设行政主管部门在审核发放《施工许可证》过程中形成的应该归档的文件材料。主要内容包括建设用地批准文件、建设工程规划审批文件、拆迁文件、工程承包发包合同、施工图审查文件、施工许可证申请和批准文件等。

（2）施工、监理企业资质资格管理档案。

第一，施工、监理企业资质资格管理档案。建设行政主管部门对工程施工，监理企业资质实行归口管理。工程施工企业资质分施工总承包、专业承包和劳务分包三个序列。工程监理企业资质等级分甲级、乙级和丙级。

企业资质资格管理档案，就是建设行政主管部门对施工、监理企业在资质申请、审批、监督管理过程中形成的应该归档的文件材料。主要内容包括企业资质申请和批准文件等。

第二，施工、监理人员资格管理档案。国家对从事建设工程施工、监理活动的专业技术人员，实行执业资格注册管理制度、个人执业资格准入管理、人员资格动态管理制度。如注册监理工程师、注册建造师等。

施工、监理人员资格档案，就是建设行政主管部门对建设工程施工、监理人员在考试、注册、执业、动态管理、备案过程中形成的应该归档的文件材料。

（3）工程招标投标管理档案。工程项目的勘察、设计、施工、监理、材料设备供应等任务和工程总承包，必须按照国家和省有关规定进行招标投标。招标投标接受建设行政主管部门的统一归口管理和监督。

工程招标投标管理档案，就是建设行政主管部门在归口管理和监督工程项目招标投标过程中形成的应该归档的文件材料。包括招标代理机构资格管理、工程项目招标投标管理、建设工程合同等。

（4）工程质量监督管理档案。国家实行建设工程质量监督管理制度。建设行政主管部门对建设工程质量实行统一监督管理。建设行政主管部门可以委托建设工程质量监督机构具体实施建设工程质量监督管理。

工程质量监督管理档案，就是建设行政主管部门或建设工程质量监督机构在建设工程质量监督管理过程中形成的应该归档的文件材料。

（5）工程安全生产管理档案。建设行政主管部门对全国建设工程安全生产实施监督管理。在审核发放《施工许可证》时，应当对建设工程是否具有安全施工措施进行审查。建设行政主管部门可委托建设工程安全监督机构采取措施具体实施安全监督检查。

工程安全生产管理档案，就是建设行政主管部门或建设工程安全监督机构在进行安全审查、监督检查过程中形成的应该归档的文件材料。主要包括施工企业安全生产许可管理、施工措施审查、安全监督检查、安全事故应急救援和调查处理等。

（6）工程竣工验收备案档案。建设行政主管部门负责工程的竣工验收备案工作。建设单位应当自工程竣工验收合格之日起 15 日内，依据有关规定，向工程所在地建设行政主管部门备案。

工程竣工验收备案档案，就是建设行政主管部门在办理工程竣工验收备案过程中形成的应该归档的文件材料。主要包括：《工程竣工验收备案表》《工程竣工验收报告》、规划环保等部门出具的认可文件或者准许使用文件、公安消防部门出具的对大型的人员密集场所和其他特殊建设工程验收合格的证明文件、施工单位签署的《工程质量保修书》等。

8. 园林绿化、名胜古迹档案

城市园林绿化是城市建设的一个重要组成部分，它主要包括公园、植物园、动物园、游乐园、街心花园、行道树、苗圃、绿化隔离带、防风林等。

名胜古迹就是指自然景观、人文景观和古代、近代遗迹的著名地方，包括名胜古迹、名人故居、纪念性建筑等。名胜古迹是我国悠久历史的见证和珍贵的文化遗产。

园林绿化、名胜古迹档案，就是建设行政管理部门在城市园林绿化、名胜古迹的规划、管理、保护过程中形成的应该归档的文件材料。

园林绿化、名胜古迹档案主要包括以下方面：

（1）各类绿地的保护与管理档案。

（2）各种公园的保护与管理档案。

（3）树木管理和古树名木保护与管理档案。

（4）风景名胜区保护和管理档案。

（5）历史古迹、名人故居保护与管理档案。

（6）绿化、风景名胜区等规划档案。

9. 城市抗震防灾档案

城市抗震防灾档案是指城市抗震防灾主管部门在抗震、人防、防洪、防汛等规划、建设和管理工作中形成的应该归档的文件材料的总称，主要包括以下方面：

（1）建设工程抗震设计审查档案。

（2）重大建设工程场地地震安全性评价核准档案。

（3）城市人防、应急避难场所工程档案。

（4）城市防洪、防汛工程档案。

（5）城市抗震防灾历史资料。

（6）城市抗震、人防、防洪防汛规划档案。

（7）建设工程抗震鉴定与加固档案。

五、城建档案作用

城建档案是城市建设的真实记录，是城市建设的信息源。从宏观来说，城建档案贯穿了城市建设的各个历史阶段，涵盖了社会的各个领域。从微观来说，城建档案记录了人们规划、建设、管理城市的具体过程，积聚了丰富的技术经验和知识信息。因此，城建档案具有广泛的社会作用和社会价值。

城建档案的社会作用和其价值的体现，主要表现在以下方面。

第一，城建档案是积累城建经验、储备城建技术的手段。城建档案是人们从事城建活动的产物。城建活动的成果不外乎两个方面：一是物质成果，即建设工程产品；二是技术成果，即城建档案。城建档案是城建生产活动的直接记录和实际反映，它客观地记述了城建生产活动的过程和成果，记载了人们的城建思想、城建技术、城建经验。城建档案的这种作为城建成果直接载体的特点，赋予了它储备城建技术的作用，成为积累、储备城建技术、城建经验的工具和手段。由于人们认识自然、改造自然的能力是逐步提高的，城建技术也需要不断提高和发展。所以对于一个国家、一个城市、一个单位来说，如果它拥有质量较高、数量较多的城建档案库藏，就在一定程度上标志着它有比较雄厚的城建技术基础。反之，没有城建档案的积累，或者数量少，质量差，那么势必会在城建活动中遇到更多的困难。

第二，城建档案是进行城市规划工作的基础。城市规划是指导城市合理建设、完善城市功能、促进城市经济社会协调发展的重要依据。要做好城市规划工作，首先要研究城市的建设发展史，了解城市和城市中的各种要素，包括自然环境、资源条件、历史情况、现状条件、发展趋势以及基础、特点和各方面的动态变化因素等，在充分掌握城市各种基本信息的前提下，进行全面的、综合的、科学的、长远的预测和设想，并结合国民经济和社会发展计划，统筹兼顾，综合布置，科学制定。然而，城建档案蕴含着丰富的城建信息，在城市规划工作中不仅具有重要的参考价值，而且又是编制城市规划的重要依据。假若没有城建档案为基础，没有丰富的城建信息做参考，城市规划将无从着手。

第三，城建档案是城市建设管理工作的重要依据。城市是一个动态的庞大而复杂的综合体。随着城市现代化进程的加快，城市规模不断扩大，城市功能不断增强，城市的架构因此变得越来越复杂。地上高楼林立、鳞次栉比，地下管线纵横、交叉密集。而这些支撑着城市功能发挥的各种设施，必须进行科学有效的管理，才能使其正常运作。城建档案来自城市建设，又服务于城市建设，是城市建设科学技术资源储备的宝库。它真实记录和反映了城市中各种物质对象从无到有、从小到大、从落后到先进的运动过程与发展规律，是人们建设城市、管理城市的智慧结晶。只有以城建档案为依据，才能进行科学的城市规划、建设和管理，克服工作上的盲目性，避免国家财产的浪费和损失。因此，城建档案管理水平的提高是城市建设科学管理的标志之一。

第四，城建档案是城市一切建筑物、构筑物维护、管理、改建、扩建的依据，是提高城市建设经济效益的最佳途径。城建档案是由一个城市的各有关单位应该长期和永久保存的同城市建设有关的基本建设中形成的档案所组成，这些档案正因为是城市发展过程的真实记录，所以它是城市建筑物、构筑物改建、扩建和维修工作不可缺少的重要依据。没有城建档案，城市建设就会造成混乱，维修、改造、扩建就难以进行。尤其是地下管线和隐蔽工程，如果没有竣工档案，只凭人的大脑记忆、仅靠所谓某些人的"活档案"显然是不科学的，也是靠不住的。实践证明，合理利用城建档案，可以避免不必要的重复劳动，为国家节省大量资金、人力、物力，促进城市建设的良性发展；如果忽略城建档案的作用，就会给工程的建设和管理带来麻烦，甚至给城市留下隐患，造成重大损失。因此，城建档案管理是城市维护、管理、改建、扩建等重要的基础工作。

第五，城建档案是城市防灾、抗灾、减灾和灾后应急管理、恢复重建的重要依据。由于城市是人口高度集中的地方，一旦发生破坏性灾害，其影响程度相对要严重得多。因此，做好城市的防灾、抗灾以及灾后的处理是每个城市都必须认真对待，不可掉以轻心的大事。无数事实证明，城市不能没有城建档案，它是城市防灾、抗灾、减灾和灾后应急抢修、恢复重建的重要依据。近些年来，各地通过建立应对突发事件预案、开展城建档案数字化工作，建立档案数据备份以及异地备份等工作，城建档案在应对各种灾害和处理突发事件、抗灾抢修、恢复重建等方面发挥了积极的作用。因此，设立专门机构，对城建档案实行集中统一管理是我国档案事业的一大特点。我们一定要发挥这一优势，把一个城市中重要的、具有全局意义的城建档案集中收集到城建档案馆统一保存，并建立安全高效的城建档案信息系统，只有这样，才能使城建档案在城市防灾、抗灾、减灾和灾后应急管理、恢复重建等工作中，发挥其更好的作用。

第六，城建档案是征用土地、房地产权产籍的法律凭证。在城市建设中的各种建筑，都会形成相应的土地征拨、审批文件、规划红线图、"一书两证"、建筑执照、产权所有证等档案材料。这是城市房地产管理的历史凭证，也是解决产权纠纷以及其他相关问题的法律证据。特别是随着房屋商品化、私有化的发展，城建档案的法律依据作用，将会越来越充分地显示出来。

第七，城建档案是城市科学研究的重要资源。城建档案是城市建设发展的真实记录，是一个城市的完整缩影和真实写照。以城市为对象的科学研究，离不开城建档案这一重要的城市信息资源。城建档案能作为一个城市科学研究的重要资源，是因为城建档案的作用不仅仅局限于城市建设的单方面，而是在政治、历史、城市科学研究等方面都有着重要作用。因此，城建档案管理已成为一项事业迅速在我国崛起和发展。随着城市化进程的加快和城市现代化水平的提高，城建档案将显得越来越重要。因此，对于城建档案的社会作用和社会价值，要从历史的、全面的、发展的角度去认识。

第二节　城建档案与城市建设治理

一、城建档案与城市建设

"城市的出现，是人类走向成熟和文明的标志，也是人类群居生活的高级形式。伴随着各种城市建设活动的展开，大量城建档案产生。"① 城市建设是城市生存发展的必要条件。狭义的城市建设主要指城市的基础设施建设，即建设道路桥梁、供水供电供气管道、各类房屋、园林绿化等为城市居民提供政治、经济、文化活动相应条件与场所的过程。这一过程为各种城市活动提供了必要的物质前提。而更广义的城市建设含义，除了建设这一具体动作，还包括了具体建设前的规划工作与建设后相应的维护与管理工作。城市的规划、建设与管理三者结合，构成了人们普遍意识中"城市建设"的概念。因此本文的城市建设也采用更为广义的城市建设概念。

对于城建档案的作用，人们有一个认知不断变化的过程。从一开始，人们就认知到了其凭证作用与情报参考作用。作为科技档案的一种，城建相关文件一经形成就具有了凭证价值与参考价值。作为城建活动的原始凭证，城建档案能成为其形成者与形成过程有关情况的证据，是城建档案形成者开展各项活动的依据。由于城建活动时间跨度大，牵扯领域广，城建档案对形成者及其以外的相关机构、组织或个人都会有十分强烈的情报参考作用，甚至我国当初建立专门的城建档案机构也是为了更好地发挥城建档案的情报参考作用。而在之后，人们开始意识到除了凭证与技术性参考作用外，城建档案还承载了许多城市变迁的历史印记，能够用来帮助人们构建城市记忆，城建档案的历史记忆功能越来越受到人们的关注。随着城市记忆的构筑，人们开始在记忆中寻觅城市文化，城建档案在建立城市形象、打造城市文化氛围中的作用被渐渐挖掘出来。

（一）城市建设的原始记录与凭证作用

1. 城市建设的原始记录作用

档案是社会组织或个人在社会实践活动中直接形成的具有清晰、确定的原始记录作用的固化信息。档案是机关、社会组织和个人在社会活动中形成的，作为原始记录保存起来以备查考的文字、图表、声像及其他各种方式和载体的文件材料。档案是人们在社会活动中形成的保存起来以备查考的文件，档案是原始的历史记录，正是因为这点体现了它与其他资料的不同，也显示了它的第一手资料的原始价值。如果将档案限定在记录的范围内，那么，档案是原始记录；如果将档案限定在文献范围内，那么档案是原始记录性文献；如果将档案限定在信息范围内，那么档案是原始记录性信息。原始是它的本质属性。

城市基本建设档案是城市建筑物、构筑物、地上和地下管线等各项基本建设的真实记录和实际反映，城建档案也是城市建设过程中直接形成的各种形式的原始记录，反映了城市建设的全貌。城建档案可以恢复和真实再现城建工作的过程，也是城建工作的凭证与参

---

① 林周聪：《城建档案在城市建设和治理中的作用》，南昌大学 2020 年版，第 12 页。

考，城建档案的原始性也构成了城建档案价值和管理的逻辑起点。

2. 城市建设的凭证作用

档案的凭证作用是由档案本身特点决定的。档案的原始属性决定了它的凭证作用。凭证价值是城建档案区分于其他城建资料最根本的区别，城建档案能够在法律层面提供凭证效力。城市的各项所有建筑物都有属于自己的一套完整房地产权档案，这些档案包括土地的征用、审核文件、房地产发证登记、交易买卖、房屋拆迁等一系列过程中反映产权人、房屋状况与土地使用状况的相关档案。这些档案为相应的活动提供了使用权与所有权凭证，是相关法规的执行基础，是解决纠纷的法律凭证。

除了提供产权层面的凭证，城建档案也为城建各项活动提供凭证，可以作为日后的追责证据。如采购建筑材料，采购钢筋水泥混凝土等是谁负责、采购过程、有无送检、是否有合格证明等都会在档案中有所体现，使用这些建筑材料是否依据指令、监理监督情况、检查情况、是否有调整与变更等都会在档案中说明。一旦日后在哪个环节出了问题，城建档案可以帮助我们找到问题所在以及成为相关负责人失责的证据。

（二）城市建设的经验参考与情报信息作用

1. 城市建设的经验参考作用

人类生存就是一种积累经验、探索经验、享受经验、传递经验的过程。人类社会的经验，就是多个主体的经验、阅历的总和，这个总和构成了我们所认识的人文世界。档案是经验的体现。

从抽象程度而言，根本价值是最高意义的抽象，它没有上位类，但可以分解为若干子类；从时间沿革而言，它贯穿事物的始终；从涵盖的现实范畴而言，它包含事物的全部（全然）；从所处地位而言，它具有决定意义和唯一性。即档案根本价值是贯穿档案发展始终、可以涵盖档案全部价值、决定档案存在和发展、具有唯一性的价值概括。对所有档案价值现象进行归纳、抽象，我们一般认为档案的根本价值的哲学抽象为事实性经验价值，即一种可供了解和追溯历史事实的特殊意义。在人类社会的价值体系中，它属于基础性价值。档案是一种经验，并具有基础性的地位。

城建档案作为科技档案的一种，记载的内容大部分是与城建相关的科技知识，体现了城市建设的经验，我们需要借助于这种经验，使我们的城市建设有连续性和一贯性，我们需要依靠这些经验去制定城市建设、规划、管理的一系列政策，依靠这些经验帮助我们去处理社会各方面的问题。可以说城建档案就是政府治理城市最重要的基础之一。

城市的发展是一项十分复杂的工程，一方面，其受资源条件、自然环境、历史情况影响；另一方面，它又可以被人工干预甚至主导。这么复杂的工程自然不能由谁一拍脑袋就决定，而需要大量的资料来参考规划，确保城市土地被合理使用，城市布局能合理分配，城市具体安排利于城市居民生活，城市部署能促进城市的经济和社会发展。这就离不开城建档案的经验参考。后续随着时间流逝，城市建筑物的老化保养、日常维护、旧楼改造、老区改建等也都离不开城建档案提供相关信息。通过城建档案，我们能在原有基础上对其进行借鉴、修改或完善，保持城市建设的连续性和一贯性。

而在城市建设过程中，城建档案不仅仅是各相关部门工作协调进行的依据，项目工程交接不可或缺的一环，城建档案还能帮助城市建设节约大量人力、物力、财力与时间成本。

2. 城市建设的情报信息作用

档案的凭证价值主要是强调其"证据性"价值，就是为该机关的组织和职能提供真实的适当的文献证据所需要的那些文件，而情报价值主要是从档案的内容、形式方面分析其所包含的信息量，对其评价也会随着时间的推移而推移，即不同时期要用不同的标准来评价档案的情报价值。城建档案从内容上包含了大量的情报信息，这些信息可以提高我们对当时城建的认识水平和对后期建设的重要支撑。

城建档案的情报参考作用还体现抢险救灾上。一旦城市遇灾，建筑物大量损毁、桥梁坍塌、交通中断等，城建档案就成为人们抢险救灾、恢复城市的重要参考。

（三）城市记忆的承载者、备份者与构建者

1. 城市记忆的承载者

近些年来学者们对社会记忆、集体记忆的探讨逐渐增加，构建社会记忆是一个受到大部分人认可的一个命题，其中城市记忆就是社会记忆、集体记忆中十分重要的一部分内容。城市是人们集体记忆的场所，是构建社会记忆的一个单位。每个城市都有不同发展轨迹，都有自己的风土人情，因此城市记忆也不尽相同，都是值得珍惜的宝藏。记忆的存在要依托一定的媒介，就像人类的记忆功能要依托人脑实现，城市记忆也要依托各式各样的媒介如实物媒介、文字媒介、影像媒介等等，而城建档案就是其中一种。城市记忆是对过去城市总体形象的认知和重构，这一过程可以通过各种载体将之进行物化从而保存下来，物化后的内容即人们在城市建设各阶段过程中形成的历史记录。

城市记忆有有形与无形之分，不仅有历史街区、古建筑、地标等有形资源，还包括历史事件、风俗文化等无形资源。城建档案种类丰富，按载体分有纸质档案、声像档案等，按内容分更是囊括了城市发展变迁的各个过程，其中自然也承载了不少城市记忆。人脑的记忆毕竟有其时限，会随着时间渐渐变得模糊，甚至消散，而城市比起人类区区百年更是经历更长岁月，唯有档案等媒介才能承载起一个城市的集体记忆，使它不会轻易模糊，使它不易被人们遗忘。

2. 城市记忆的备份者

正是因为城建档案能够承载城市记忆，所以城建档案也成为备份城市记忆的绝佳选择。随着城市化进程的加快加深，城市变化越来越迅速也越来越现代化，不少老的建筑、老的街区都被拆毁，虽然这是城市化的必经过程，但是也会使人们心中的城市变得越来越陌生，留住城市记忆给予市民归属感也变得十分关键。尤其是城市中的一些代表性的建筑，围绕着它们曾经发生过许许多多的故事，常常可以让人睹物思情，一旦拆除了就等同于去除了这些回忆的锚点。正因如此，城建档案才显得格外重要，如果城建档案里有这些建筑完整详细的信息，人们便可以通过这些档案资料来维系记忆，相当于备份了城市的记忆。

在意识到城建档案对城市记忆备份作用的情况下，现在不少城建档案馆开展了城市古建筑的建档工作，为一些城内的古建筑进行一系列的测量、拍照等工作，为的就是万一以后古建筑因各种原因不复存在，它们依然能够靠档案作为城市记忆的一部分活在我们心中。

3. 城市记忆的构建者

一个城市建筑丰富、人口众多，只要有人就会有记忆，按理来说，每个人的城市记忆肯定都是不尽相同的，也有些记忆是私人的，不是集体的。而我们也清楚把所有人的记忆进行保存既不能实现也实无必要。所以说选择性是记忆的属性之一，城市记忆也是一个选择过后的成果而非一个城市所有的记忆。城建档案自然是城市记忆的选择主体。档案馆对城建档案的筛选过程就是对城市记忆进行筛选的过程，它决定了哪些档案被留下，也决定了哪些城市记忆可以保存，哪些城市记忆可以被遗忘。通过筛选最终留下来的档案结构，决定了档案构建了什么样的城市记忆。正因为城建档案构建了人们对城市的记忆，所以城建档案也被赋予了更多社会化功能，我们在建立和选择城建档案的过程中也要从构建社会记忆的角度来进行进一步的考量。

而除了城建档案形成过程对城市记忆构建十分关键外，城建档案对外的展示情况对城市记忆的构建也起到了关键性作用。一些城市记忆被保留在档案中后便一直在档案馆仓库里不见天日，那么城市记忆里自然也不会有它，或者其在记忆中的地位会大打折扣，而反之一些城市记忆被暴露在大众视野之下，被大力宣传，其在社会记忆中地位也会加重。档案馆经常会做一些汇编或一些展览来带领民众回忆城市历史，档案馆选择展示的内容就会在民众脑海里加深印象，不容易淡化，从而影响城市记忆的构建。

当人们为了构建城市记忆而去重构城市历史的时候，城建档案也在影响城市历史的重构。城市记忆不能凭空而来，它一定是会有存在基础的。城建档案承载社会记忆，也为人们重构城市历史提供信息资源。现在很多城市记忆工程要去复原老街区、恢复以前的城市文化，而城建档案就是他们的重要参考资料。我们新一辈去了解的旧城市历史形成对旧城市记忆的认知往往依靠这种对城市历史的重构，这一重构过程又恰好是城建档案影响的。

（四）城市文化形象的塑造作用

1. 城建档案塑造城市形象

在现代城市化浪潮中，一些城市盲目追求高楼大厦，盲目借鉴其他城市的发展方略，导致城市的趋同问题日益严重。徘徊在一些城市，似乎总能见到差不多的商业街、差不多的楼房、差不多的城市规划。城市的物理景观日渐趋同模糊了人们对城市的印象，也由此引出了人们对打造城市形象的需求。在这个趋同的社会，拥有鲜明特点、独特标签的城市会被更多人记住，进一步促进城市的发展。要想提高城市的品味与竞争力，必须充分挖掘城市特色，充分使用城建档案。城建档案浓缩了城市过去年间的发展脉络，我们可以通过城建档案知晓过去年间城市发展历程，汲取其中的优秀成果，才能对未来城市发展精准定位，找到自身的特色。而城市建设过程中，深入研究城建档案可以帮助我们厘清自身城市有哪些特色建筑、特色街区、特色地标等可以作为城市形象一部分的内容，从而进行保护与宣传。在城市旧城改建的过程中，城建档案有助于我们把握旧城的风貌、特点等，从而明确哪些建筑是可拆除的，哪些建筑是必须保护的，哪些建筑是需要修复的，以及新建的建筑如何保持与老建筑的协调，保证原来的特色不丢失。放眼近年来的"网红"城市无一不是特色鲜明的城市，以"山城"重庆为例，除了火锅以外正是轻轨穿楼而过、楼顶楼底都是一楼、立交桥多层复杂等充满地域特色的城建设计充实了其独特的城市形象。

除了发掘城市之独特形象之外，档案也是对外推广城市形象，对内加深对城市形象认同感的重要媒介。一个城市可以通过档案资料来对外展现自身，让外地人通过精选的城建档案资料来了解这个城市。通过相应主题的城建档案展览等活动则可以让城市的民众对自身城市形象有进一步的认同感，对城市形象的塑造进行一定的引导。

2. 城建档案塑造城市文化

城建档案蕴含着大量城市文化相关内容。首先，城建档案中包括了景观文化。城建档案记录了城市中风格各异的建筑、园林绿化、道路河流等城市景观，其中不乏独特的地标景观、历史古建，城建档案通过图像、影像、文字等各种形式展现了城市的景观文化。其次，城建档案中有大量的历史文化。在城建档案中，我们能找到很多关于城市历史的记载，对比城建档案我们能看到城市建筑变化、地名沿革、道路改变，旧貌换新颜的整个过程，这些历史记录是诠释城市历史的最有力的证据，也是展现历史文化的最有效手段。再次，城建档案还有大量的地域文化。城建档案来源于城市建设活动，不同城市的地域特色也会反映在城建档案中，再通过城建档案展现出来。回过头去看各城市的城建档案，无论是档案里上海的民国风洋房、乌镇的水乡建筑、黔东南的吊脚楼还是北京的四合院，都在展现各自的城市地域文化。最后，城建档案还拥有大量的城市民俗文化。通过对城建档案的研究，我们能从中发现过去人们的一些生产生活状况，了解一些城市的民俗文化。例如在杭州"茶市街"相关档案中我们能看到清朝留下镇茶叶生意的红火，居民炒茶卖茶的盛行。

城建档案在积淀城市文化的同时也创新增值了城市文化。通过对城建档案的整理编研，能够将散落在各部分的文化符号和文化信息进行有序化、整体化、关联化，能够进一步对外展现城市文化，实现城市文化的增值。

二、城建档案与城市治理

我国城市化的进程不断加深，不仅仅体现在城市数量上的变化，更体现在城市质量上的提升。中华人民共和国成立以来，我国城建工作者或吸取国外城市发展优质经验，或在我国自身的城市化历程中提升总结，城市建设的理念与方法也长足发展，有了大幅革新。在这个新时期，人们也逐渐地将目光放在了城市建设后的城市治理过程中。相比以前的所有数据落于纸面，城市的信息化进程使得城市系统更加复杂，以往碎片化的城市治理方式已经越来越捉襟见肘，难以有效解决城市问题，为此也进一步提出了大数据城市管理与智慧城市建设的要求。目前大数据城市研究工作如火如荼，赋予城市"大脑"能够智能管理的智慧城市成为我国城市发展进一步的目标，城建工作越来越智能化、信息化，旨在打造一个更舒适、更便捷、更宜居的城市系统。在城市治理的过程，城建档案与城建大数据能够有效为城市治理提供信息支撑；城建档案的信息化建设为不同主体信息共享提供条件；城建档案作为智慧城市的建设基础与数据保障能进一步提升城市现代化治理水平。

（一）大数据与城市治理

目前城市建设活动会产生大量的数据，这些大数据对于城市规划、建设、管理以及城市治理都具有非凡意义。

在城市规划建设治理的过程中，理论上讲能够获取的信息越多越好，能够分析的参数越多越好，这样考虑城市规划建设与治理才会最全面、最贴合需求。而站在实际角度，技术的限制使得城市规划建设治理人员并不能获取足够丰富的所需相关信息，哪怕拥有庞大的信息也无法全部分析。这限制了城市规划建设与管理的科学性与合理性，也限制了城市的发展。但是在大数据时代，城市规划建设与治理时不仅有着以前难以想象的海量信息，只要对其进行适当处理就能得到很多以前得不到的关键数据，对于城市规划建设与治理来说既提升了全面性，也方便工作开展。而且通过对城建大数据的分析与应用，我们能进一步优化城市规划建设与治理的过程，提高工作效率，减少成本的同时获得更好的结果。

大数据在城市治理中的使用要求城建档案部门必须适应时代发展，树立大数据意识。

首先，城建档案部门要意识到档案是大数据的一部分。城建大数据来源于各种城建活动，而城建档案同样来源于各种城建活动。城建档案是在城建大数据中进行精选、进行有序化结构化后的产物，尽管两者存在一定差别，但在根源上有一致性。大数据的核心关键本就不在于数据的海量而在于数据的分析挖掘与使用，与档案的产生也是有一定共性的。因此将城建档案用于大数据分析，或利用档案对应大数据分析结果进行进一步分析，都能够进一步促进城市规划建设与治理的大数据工作。

其次，城建档案部门要意识到城建档案工作本身也会产生大数据。其他政务部门在行政过程中会产生各种政务数据，最终形成政务大数据，那么按理来说档案部门也是政务部门的一种，也应该会产生大量档案部门的数据。这些数据大致包括以下几种：第一是反映档案的数据，如档案的数量、类目、材质、规格、全宗情况、档案馆藏分布等，以及为反映档案情况加工形成的档案目录指南等数据；第二是反映档案业务工作的数据，比如对档案进行收集整理的记录、提供档案利用的记录、档案的编研成果、档案管理系统的查阅记录、平台日志、浏览情况等数据、档案业务管理数据、档案部门各电子设备形成的数据等等；第三则是反映档案用户的数据，比如用户的一些基本情况、用户对档案工作的反馈评价、用户在档案网站档案微信公众平台等档案信息分享平台的浏览数据、留言下载数据、用户浏览时对时间内容的偏好情况等。城建档案部门应看到大数据对其他领域工作的利好，将自身的大数据好好利用起来，发挥城建档案大数据的价值。

最后，城建档案部门应理解大数据的核心理念，即对数据的分析挖掘来产生新的价值。为此城建档案部门应注重档案的数据化处理，让档案能够切实用于数据分析与处理。同时，城建档案部门也应该深入挖掘档案的价值，不是只提供档案原件或简单的档案汇编，而是在此基础上提供更多的档案精加工产品。在深入挖掘档案价值的时候，档案部门也应牢记大数据的启示，不是只着眼于单份档案，而是也着眼于档案间的关联；不是只关注档案数据间的因果性，而是也关注档案数据间的关联性。

（二）城建档案是智慧城市的建设基础和数据保障

智慧城市是目前流行的一种城市理念，也是我国很多城市建设的发展方向。在过去的几十年间，我国城镇化水平大幅提高，城市飞速发展，这也导致了"城市病"层出不穷，各种城市高速发展带来的新老问题互相交织，传统的城市治理模式似乎难以应对。为了治理道路拥堵、住房难以保障等问题，人们需要一个更为智能更为智慧的城市。建设智慧城市成为不少城市提升城市现代化治理能力的一个绝佳选择，诸如上海、杭州、北京等城市都以智慧城市为骨架建立自己的城市治理体系。而城建档案是智慧城市建设必不可少的建设基础与数据保障，城建档案助力智慧城市建设的同时也是助力我国城市现代化治理水平的提升。

1. 城建档案是创造智慧城市的建设基础

数字城市之后，城市建设的新一波风潮——智慧城市已然袭来。智慧城市是基于数字城市提出的概念，比起数字世界与物理城市的简单映射，智慧城市则提出要用传感网络实现数字世界与物理城市之间进行链接，并通过对数据的处理进行城市管理决策与各种自动化的控制。虽然从目前来看，智慧城市体系自身的运行主要是靠各种物联网数据和云计算技术、大数据处理技术，真正意义上的城建档案数据使用并不多。但是这不代表城建档案在智慧城市建设上无法出力。智慧城市的底层数据基础来自物联网，比如设置在电网、道路、供水系统、手机智能终端等物件中的传感装置。而这一套传感体系的建立都是依赖于城市建设活动的，城市建设活动又离不开城建档案提供信息支撑。例如，有一栋大楼需要建立全楼的电子门禁系统、智能防盗系统、智能通风系统等，必定会需要大楼结构图、电路排布图、通风管分布图等城建档案材料，没有城建档案提供的先期支持，物联网系统的建设就会变得艰难，影响后续的智慧城市建设。

而且，随着智慧城市建设的进一步发展，简单的数据与实体的互动必然不能满足城市管理更进一步的要求，通过信息技术集合城市各类数据资源进行分析处理来从整体把握城市发展，细节化处理城市问题的城市管理模式必会到来。而到时候，城建档案又将是其中优秀的城建信息资源，起到的作用会越来越明显。

2. 城建档案为智慧城市提供数据保障

城建档案部门在城建档案信息化的基础上应创建智慧城市数据档案。智慧城市依赖于物联网络，而现今的物联网络无时无刻不在大量产生数据，这就导致智慧城市建设产生了一个矛盾。一方面，智慧城市系统更注重实时数据的处理，对于处理完的数据如果都进行储存就会导致储存成本过高，令人难以承受。另一方面，如果缩短这些数据的保存时限或者降低这些数据的储存质量，那么数据的可追溯性与辨识性又会受到打击。针对这一状况，城建档案部门可以将档案的思维用于智慧城市数据管理之中，对这些物联网数据进行价值鉴定，将一些明显价值高、被追溯可能性大的数据档案化处理，作为智慧城数据档案保存下来。哪怕原数据持有方将来将数据删除了，或者数据损坏了，之前建立的档案也能降低一些损失。

城建档案部门要意识到智慧城市建设本身也是一个城市建设活动，在其开展过程中会产生一系列能反映智慧城市建设过程的档案。城建档案部门应重视这些档案，对其进行收集与整理，为日后的智慧城市建设活动提供参考凭证，促进智慧城市建设活动的不断升级。

第三节　城建档案工作的内容构建

城建档案工作，从广义上说，是一项城建档案事业。主要内容包括：城建档案馆（室）工作、城建档案法规标准建设工作、城建档案行政管理工作、城建档案教育培训工作、城建档案科学研究工作、城建档案宣传出版工作、城建档案国内外合作交流工作等。

城建档案工作，从通常角度上说，是指城建档案馆（室）所从事的城建档案业务工作，就是用科学的原则和方法管理城建档案，为社会各项事业服务的工作。

第一，城建档案馆（室）工作。是指城建档案馆（室）所从事的各项日常业务工作，主要包括对城建档案进行接收、征集、补充、整理、鉴定、保管、保护、统计等基础工作；开发城建档案信息资源，编制各种档案目录、检索工具，大力开展城建档案编研工作；开发城建档案信息化、数字化工作，建立各种档案信息、专题信息和全文数据库；积极开展城建档案对外利用和咨询服务等工作。

第二，城建档案法规标准建设工作。是指城建档案管理部门为规范城建档案工作，科学和有效地管理城建档案，保障城建档案事业的全面有序发展，依据相关法律、法规和法定程序，起草、制定、颁发、实施有关城建档案方面的规范性文件和业务标准。主要包括城建档案法规建设，标准化、规范化建设等工作。

第三，城建档案行政管理工作。是指城建档案管理部门运用行政手段对城建档案和城建档案工作进行管理的一项工作。主要包括城建档案业务指导、监督检查、验收认可等工作。

第四，城建档案教育培训工作。是指城建档案管理部门为加强和提高城建档案管理人员的业务理论水平和实际工作能力自己组织或委托专门教育机构开展的一项教育培训工作。主要包括城建档案学历教育、专业岗位培训、业务知识培训等。

第五，城建档案科学研究工作。主要包括城建档案基础理论研究、学术理论研究、业务工作研究、管理技术研究等。

第六，城建档案宣传出版工作。主要包括城建档案宣传、城建档案刊物和书籍出版工作。

第七，城建档案国内外合作交流工作。主要包括国内外城建档案工作的业务技术合作和学术等交流。

以上城建档案工作的七项内容之中，城建档案馆（室）工作是城建档案工作的主体。

第四节　城建档案专业人员素质要求

城建档案是建设工程的重要组成部分，是城市建设的历史记录，是城市可持续发展的重要生产要素、无形资产和社会财富。城建档案在进行社会管理、提供公共服务、保障城市生产生活秩序、维护城市安全、应对城市突发事件等工作中具有非常重要的作用。城建档案工作是用科学的原则和方法管理城建档案，为城市规划、建设、管理、科研、经济建设服务。要做好这项工作，必须全面提高从业人员的政治素质、思想道德素质、文化素质、业务素质和身体素质，以适应社会不断发展的客观要求，本节就此进行初步分析和探讨。

一、城建档案专业人员要有坚强的政治素质

一个人的政治信仰、政治理念和政治立场至关重要，优秀的城建档案工作人员，需要具备优秀的政治素质，要与党中央保持一致，坚决执行党的路线方针政策，从大局出发，一切按党的方针、政策办事，时刻保持清醒的头脑，坚定理想、信念，努力学习，认真做好本职工作，为实现党的最高理想而做出自己的贡献。

开发利用城建档案资源，为城市建设服务，是城建档案工作的根本目的。然而，城建档案作为城市的记录，某些部分在一定时期、一定范围内具有机密性，还有一些属于绝密的城建档案，在提供利用时必须区分密级，注意保密。在保密问题上，放松警惕，忽视保密，会给国家带来损失。但是如果过分强调保密，随意扩大保密范围，对有关人员利用城建档案进行不恰当的限制，搞过多的烦琐手续，也不利于城建档案价值的发挥。正确处理提供利用和保守机密二者之间的矛盾，既不影响充分的开发利用，又有利于维护机密。

二、城建档案专业人员要有良好的思想道德素质

城建档案工作人员有一个良好的心态、一份对工作的热诚及其责任心是很重要的。在工作中，不要因为城建档案工作枯燥乏味而对查询档案的人发脾气，要热情、细心、周到地为来访人员指导业务、查询档案。在平时工作中，要时刻要求自己从实际出发，坚持高标准、严要求，力求做到业务素质和道德素质都提高。工作人员要有爱岗敬业的精神，要有较强的法律意识，要有对国家对人民负责的责任心，查询档案要实事求是，不能为了达到某些目的而弄虚作假，对城建档案进行随意更改。

三、城建档案专业人员要有较好的文学素质

在城建档案工作中，城建档案工作人员需要对城市的重点工程和项目进行有效的信息收集和研发，并很好地用文字表述出来，将"死"档案变成"活"档案，为城市建设发挥作用。工作人员研发信息的质量，决定了利用效果，同时城建档案工作人员还需要将现有的档案信息变得更富有价值，这就必须具有一定的文字功底。凡是涉及与文字信息方面的事情，如编辑、撰写文章等，都应具有较高的文学素质。

四、城建档案专业人员要有优秀的业务素质

城建档案工作是很专业的工作，建设工程本身就是一个技术性、专业性的工作，所以城建档案和一般的文书档案有所不同，其专业性较强，城建档案工作人员具备的业务素质主要有以下方面。

第一，城建档案工作人员要有较强的计算机知识，能够熟练掌握计算机方面的操作技能和一些常用的软件、系统的运用技巧。因为随着信息化时代的到来，网络的日益普及以及城建档案工作的发展需要，城建档案工作信息的录入、编目、查询等也都逐步实行了电脑化管理。实行了流水办公，每个环节都通过电脑进行，所以每个岗位的工作人员都需要掌握计算机操作技能。

第二，城建档案工作人员要有声像方面的知识，声像档案是城建档案的重要组成部分，声像档案能够真实地记录、形象地再现城市建设的历史发展，为研究城市发展、城市规划、城市建设及其城市管理留下宝贵的形象直观资料。人们通过城建声像档案，可以看到以前旧城改造前泥泞狭窄的街道、低矮破旧的房屋，与现在建成的宽阔平坦的街道、宏伟高大的高楼形成的鲜明对比与强烈反差。这些通过照片和录像档案得到充分展示，从而切实体会到城建档案具有的珍贵的历史资料价值、显著的现实作用。为此，我们要进一步加强城建声像档案工作，搞好城市记忆工程，利用城建档案的优势和潜力，发挥城建声像档案专业技术特长，积极探索，大胆实践，大力提高城建声像档案工作水平，为城市规划建设以及构建和谐社会做出应有的贡献。

第三，城建档案工作人员要具有地下管线方面的知识。城市地下管线工程档案是城市建设、使用、维修、改建、扩建的重要依据和凭证，具有明显的经济效益和社会效益。城市地下管线工程作为市政公用设施工程的重要组成部分，在公用设施中起着重要的作用，城市中给水、排水、煤气、热力、电力、电信等是生产、生活的基本要素，这些设施保证着单位建筑、公共建筑和文化生活用房处于最合适的使用状态，工程设备和绿化保持完好，保证各项公用事业的正常运转，是现代化城市的重要组成部分，没有这些管线就谈不

上城市现代化，短时间的短缺和破坏都要产生很多不方便，甚至会造成灾难性的损失，给生产和人民的生活造成严重的后果。

业务素质是要安心本职工作，热爱城建档案事业，有较强的事业心，懂得城建档案基本知识。城建档案工作人员的业务素质关系到档案工作的质量和档案事业的发展。

五、城建档案专业人员要有良好的身体素质

城建档案工作人员要有健康的身体，健康的身体是做好城建档案工作的基本条件。没有健康的身体就会给工作带来很多不方便。为了做好城建档案工作，工作人员要经常锻炼身体，保持身体健康。积极地锻炼身体带来的不仅仅是身体的更加健康，还会增强自己的耐力、反应能力等，在一定程度上带来个人素质的提高。

第四章　城建档案管理及其开发利用

第一节　城建档案的收集、整理与编目

一、城建档案的收集

（一）城建档案收集工作意义、内容及要求

1. 城建档案收集工作意义

"城建档案的收集工作在整个城建工作的过程当中是一个重要的内容，在进行城建档案的收集之后才能够进行后面的环节，所以城建档案的收集工作是立卷归档的根本和基础。"① 城建档案收集是指城建档案机构按照国家有关法规、规范，通过接收和征集的手段，把分散的档案资料集中起来的一项专业性业务工作。

城建档案馆开展的档案收集工作必须按照法规、规范的要求进行。城建档案机构是一个城市集中保管重要城建档案的基地，城建档案的收集是以国家法律、法规为保障。各级城建档案馆应当按照国家法律、法规，在"统一领导、分级管理"的原则下，全力收集属于本地区收集范围内的城建档案和有关资料，不断丰富馆藏，完善馆藏结构。

城建档案收集工作的意义，主要体现在以下方面。

（1）城建档案收集工作是档案工作的基础。没有档案收集工作为前提，档案馆（室）就缺乏开展档案工作的基本条件，档案的整理、保管、鉴定、利用工作就无从谈起，档案工作就没有赖以存在的物质基础。因此，收集工作是档案工作诸环节中的首要环节，也是档案工作的起点。

（2）城建档案收集是实现档案集中统一管理的基本手段和具体措施。城建档案是国家重要的宝贵财富和重要的信息资源，对国家规定应该归档的各种重要城建档案，各单位不

---

① 宋娟飞：《城建档案收集工作中的问题及对策初探》，载《商业文化》2021 年第 13 期，第 94-95 页。

得分散保存，任何个人都不能据为己有。只有通过行之有效的档案收集工作，才能将分散的档案材料集中到城建档案馆，形成统一的档案信息保管基地，实行科学规范的管理，才能便于社会各方面的有效利用。

（3）城建档案收集是决定档案馆存在和发展的重要条件。收集工作的效果决定档案馆（室）藏档案的数量多少与质量高低。档案数量的多少决定档案工作规模的大小；档案质量的好坏决定档案业务工作水平的高低。收集工作的质量还直接影响到城建档案工作的其他业务环节，影响到整个档案馆的工作水平和质量。只有将档案收全、收好，才有条件为社会各界提供良好的城建档案信息利用服务，满足社会对城建档案信息的需要，才能使城建档案馆真正成为保存重要城建档案资料的基地和开发利用城建档案信息的中心。档案收集在整个档案工作中具有十分重要的地位。

2. 城建档案收集工作内容

从广义上讲，城建档案收集工作的内容主要包括三个方面。

（1）对本单位形成的需要归档的各类档案进行接收归档。这是单位档案室收集档案工作的主要途径。

（2）对列入进馆范围的各类城建档案进行接收。这是城建档案馆档案收集工作的主要来源，也是城建档案馆收集工作的经常性任务。

（3）对城建历史档案、重要档案、珍贵档案等进行广泛征集。主要是采取有效措施，通过有关途径，将流散在社会上或个人手中的城建档案收集到城建档案馆来。

3. 城建档案收集工作要求

（1）加强城建档案形成单位的调查和指导。收集工作是解决档案的集中问题，就是因为收集的对象本来是分散的，这就要求收集工作必须事先做好调查，掌握应集中进馆（室）的档案分散、流动、管理和使用等方面的信息。同时，要协助和指导城建档案移交单位做好移交准备工作，使之符合接收的要求。并根据城建档案分散的情况、使用情况和城建档案馆（室）的条件，制订计划、统筹安排。

（2）保证进馆档案的完整、齐全和准确。保证档案在收集进馆时的完整、齐全和准确是贯穿收集工作始终的基本要求。在收集档案过程中，必须把一个建设工程项目档案或一个单位年度业务管理档案全部集中起来，保证收集进馆的档案完整无缺，系统齐全。不允许把成套和系统的档案人为地分割、抽走，分散保存在几个地方。同时，在收集时还要注意档案内容信息的完整性。

（3）积极推行进馆（室）档案的标准化。在档案收集工作中推行标准化，是城建档案工作现代化的要求。标准化是现代化的基础，现代化的程度越高，就越要求标准化。档案工作标准化，应从收集工作做起。如果接收进来的档案不标准，将给科学管理和实现档案工作现代化带来困难。在收集工作中，应当认真执行《建设工程文件归档整理规范》（GB/T50328—2001）、《城市建设档案著录规范》（GB/T50323—2001）、《建设电子文件与电子档案管理规范》（CJJ/T117—2007）及其他建设工程管理和档案管理方面的规范与技术标准，推行城建档案分类、案卷质量与格式、编目等方面的具体规范要求，大力提高收集城建档案的质量。

（二）城建档案收集档案的范围

国家住建部《城市建设档案管理规定》中明确要求，城建档案馆重点管理下列档案资料。

1. 城市建设工程档案

（1）工业、民用建筑工程。

（2）市政基础设施工程。

（3）公用基础设施工程。

（4）交通基础设施工程。

（5）园林建设、风景名胜建设工程。

（6）市容环境卫生设施建设工程。

（7）城市防洪、抗震、人防工程。

（8）军事工程档案资料中，除军事禁区和军事管理区以外的穿越市区的地下管线走向和有关隐蔽工程的位置图。

（9）建设系统各专业管理部门（包括城市规划、勘测、设计、施工、监理、园林、风景名胜、环卫、市政、公用、房地产管理、人防等部门）形成的业务管理和业务技术档案。

（10）有关城市规划、建设及其管理的方针、政策、法规、计划方面的文件、科学研究成果和城市历史、自然、经济等方面的基础资料。

城建档案机构应当根据当地实际，制定城建档案收集范围细则，集中统一收集保管需要长期或永久保存的城建档案。

2. 城市规划档案

城市现状图，城市规划依据及说明材料；城市总体规划、分区规划、专业规划、详细规划的各种图纸、图表、计算材料、说明书、照片、录音、录像及有关审议、上报和上级批复过程形成的文字材料等；区域规划和典型的村镇规划所形成的各种图纸、图表、计算材料和说明书等。

3. 业务管理和业务技术档案

（1）城市土地征用、拨用、土地转让等。

（2）城市建设用地、建设工程等规划管理、违章处理等。

（3）建筑、市政、公用、园林、绿化、环境保护等工程综合管理材料（包括技术、质量、定额等）及其行业管理材料（包括开发公司、施工企业、设计部门的资质审查、队伍管理等）。

（4）房屋产权及其地产的管理等。

（5）地名的命名、更名、普查等。

（6）房屋拆迁和征收管理、拆迁户安置等。

4. 市政工程与公用设施档案

（1）排水：污雨水管理（干线）、暗渠、泵站、闸门、污水处理厂等。

（2）道路、桥涵：主要干道、永久性桥梁、大型涵洞、隧道工程等。

（3）给水：水厂、水源、补压井工程（包括取水、净水、输配水建筑物、构筑物）、给水管道工程及消火栓、水门等。

（4）煤气：煤气厂（包括土建、制气工艺、设备等）、储气罐、调压站、输气管道、液化气等。

（5）供热：热力管道、调压站等。

（6）发电：发电厂各项建筑物、构筑物（包括土建、水工、化学、热工、电气、汽机、锅炉）等。

（7）供电：变电所、超高压以上输电线路、通信电缆、电力调度楼、城市照明等。

（8）通信设施：电报、电话、邮政局、广播电台、电视台及地上地下重要工程设施（包括发射台、电缆、通信机房、地下通道、线路、微波走廊）等。

（9）环境卫生：公厕、粪便和垃圾处理厂（场）、垃圾填埋场等。

5. 城市交通运输工程档案

（1）铁路：（包括地下铁路）站场、线路、桥梁、隧道、天桥、地道、通信、信号、给水、电力等设施及生产房舍、路局、分局办公楼等。

（2）机场：场站、候机厅、机库、油库、电力通信等。

（3）公路：线路、桥梁、隧道、站点等。

（4）公共交通：轨道交通、公交线路、站场、车库、油库等。

（5）水运：客货运站及道路防波堤、码头、堆场、仓库、疏港通道、装卸及运输设备、航道、锚地、航舶导航等。

6. 民用与工业建筑档案

（1）行政办公建筑，包括各级机关、事业单位行政办公建筑。

（2）文教体育建筑，包括影剧院、文化宫、青少年宫、俱乐部、音乐厅、体育场、体育馆、游泳馆、学校、幼儿园、报社、通讯社、画报社、图书馆、博物馆、展览馆、档案馆、气象站、测震站、水文站、科学院、研究所等建筑。

（3）保健医疗建筑，包括医院、疾病控制中心、血站、职业病防治所、疗养院、敬老院、福利院、老年公寓等建筑。

（4）商业、服务性建筑，包括百货、副食商店、超市、贸易货栈、生产资料交易中心、宾馆、招待所、茶楼、饭店、金融服务等建筑。

（5）工业建筑，包括重要工业厂房、矿山、电站、粮库、冷藏、储运仓库等建筑。

（6）居住建筑，包括高层住宅（八层以上）、多层建筑及采用新技术、新结构修建的实验楼，或具有历史时期代表性的住宅建筑、小区建筑群等。

（7）各种类型的建筑标准图和定型设计图。

7. 名胜古迹与园林绿化档案

（1）具有纪念意义的雕塑、纪念碑、纪念塔、纪念馆的工程档案材料。

（2）列为国家、省、市重点保护的文物古迹建筑档案及修缮记录、现状图等。

（3）公园、植物园、风景区、苗圃、防护林、广场等现状规划图、公园内修建的大型公共建筑及具有特殊结构和造型艺术的建筑小品等建筑物、名木古树等档案材料。

8. 环境保护档案

城市环境管理、环境监测、环境治理、自然保护等方面形成的档案材料。主要包括：环境质量年鉴、历次城市环境污染源的调查和环境监测统计资料以及环境质量评价材料污染源监测报告，建设项目环保审批材料、环境治理工程审批材料等。环保规划，包括各历史时期形成的环境保护基础材料，定额指标，规划设计方案等重要文件材料。环保治理工程、资源、生态、自然景观的保护等内容。

二、城建档案的整理

（一）城建档案整理的内容和意义

城建档案整理应遵循城建文件材料的自然形成规律，保持文件材料之间的有机联系，充分尊重和利用原有的整理基础，便于保管和提供利用。城建档案的整理就是对文件材料进行组卷、排列、编目、装订，使之有序化和系统化的过程。城建档案整理工作是城建档案归档工作的前提和基础，是城建档案馆（室）的一项基础业务工作之一，也是城建档案人员的基本专业技能。

1. 城建档案整理的内容

从城建档案整理工作的步骤来看，它主要包括两个方面的内容：城建档案的系统整理和科学编目。

系统整理，是对城建档案进行合理分类、有序排列，使之条理化和系统化，从而反映城建档案的自然形成规律，保持城建档案内在的有机联系。其具体工作内容有：分类、组卷和排列。

科学编目，就是通过一定的形式，按照一定的要求，正确地固定系统整理的成果，准确地提示城建档案的内容和成分。其具体工作内容有：卷内文件编目、案卷编目和编制案卷目录。

整理和编目是城建档案整个整理工作相互联系、不可缺少的两个方面。

2. 城建档案整理的意义

城建档案整理工作是城建档案业务工作的中心环节，在城建档案整个管理工作中具有十分重要的意义。

数量庞大的城建档案材料，如不进行科学规范的整理，查找一份文件便如同"大海捞针"一样困难。而且不把文件材料联系组合起来，就不能充分体现城建档案的特点，就会影响以至失去城建档案的利用价值。只有把城建档案组成合理化的体系，才能客观地反映各种城建活动的本来面貌，便于系统地查考研究。所以，做好整理工作是城建档案利用、开放，发挥城建档案作用的一项重要且必需的前提条件。同时，优化城建档案整理工作，可以促进城建档案工作各个环节的良性运行和协调发展。通过档案的整理可以进一步了解和检验档案收集工作的质量，促进其改善和提高。城建档案经过整理，为全面鉴定档案的价值和建立计算机检索系统奠定科学基础，还能为档案的保护、统计、检查工作提供基本的单位和完整的体系，便于维护城建档案的完整和安全。所以，城建档案整理工作是开发城建档案信息资源的重要基础，整理工作科学化、标准化水平的提高，对于城建档案管理工作的总体优化具有直接和广泛的影响。

（二）城建档案整理的原则

整理工作的原则，就是应当遵循城建档案的自然形成规律，充分尊重和利用原有的整理结果，最大限度地保持城建档案文件之间的有机联系，便于城建档案保管和利用。

第一，城建档案整理工作应当遵循城建档案的自然形成规律。城建档案是城市规划、建设和管理活动的伴生物，产生于城市规划、建设和管理活动的全过程，它伴随着城市规划、建设和管理活动的各个阶段、各个程序的运行而自然地、逐步地形成的。这就是城建档案的自然形成规律，这种规律表现为城建档案形成的过程性、阶段性、程序性的特点。城建档案的整理，必须遵循这个规律，这样才能保持城建档案内部固有的"过程性、阶段性、程序性"，才能真实反映城市建设的原貌，才是科学的整理。

第二，城建档案整理工作应当充分尊重和利用原有的整理基础。城建档案整理工作要充分尊重历史和继承前人的劳动，充分地利用原有的整理基础，这样有利于提高整理工作的质量和效率，以适应提供利用的需要。

所谓"利用原基础"整理档案的含义和要求包括两个方面：一是充分地重视和利用先前的整理基础，以确定档案整理的任务和要求，不要轻易打乱重整，应力求保持其原有的整理体系；二是在档案整理过程中，应该充分研究和利用原来整理的成果，不要轻易破坏以往整理和保存的历史状况。

第三，城建档案整理工作应当最大限度地保持城建文件之间的有机联系。所谓城建文件之间的有机联系，就是城建文件在产生和处理过程中所形成的内部相互关系。这种关系主要表现在城建文件的来源、时间、内容和形式几个方面。

城建文件的来源关系，是指城建文件的产生和形成单位的关系。如建设单位、施工单位、监理单位、管理审批部门等。形成城建文件的这些单位，使城建文件构成了来源方面不可分割的内在联系，整理时必须保持这种来源方面的固有联系。

城建文件的时间关系，是指城建文件产生的一个阶段或一个年度的关系。整理这种文件时，应该在保持来源联系的同时，注意保持城建文件之间的这种时间联系。

城建文件的内容关系，是指城建文件形成单位的同一活动或同一个项目的文件之间在内容上具有密切的联系。这种联系，是城建档案整理工作中要考虑的最重要的一个方面。

城建文件的形式关系，是指城建文件的载体和记录方式方面的联系。由于城建文件载体、记录方式不同，整理工作的要求也有所不同，因此在整理工作中也要充分考虑城建文件的形式关系。

对于保持城建文件之间的联系，我们应该辩证地看待和处理。不能只要一看到城建文件之间的某种联系，即随意整理，应该从整理工作的全过程看，从档案的来源、内容、时间和形式等各方面，全面地保持联系。同时，城建文件之间的内在联系是相对的，应该根据不同档案的特点及其不同的形成情况，而采取保持城建文件联系的不同方法。

总之，就是既要把握保持城建文件联系的客观限度，又要发挥主观能动性，从特定的整理对象出发，对整理方法进行优选，使城建文件之间的内在联系保持最合理的状态。

第四，城建档案整理工作应当便于城建档案保管和利用。保持城建文件之间的内在联系，不是整理城建档案的主要目的，所以不能"为联系而联系"。便于城建档案保管和利用，才是城建档案整理工作的基本出发点和最终要求。

总的来说，整理档案时，恰当地保持城建文件之间的有机联系，应当是便于保管和利用的，所以它们基本上是一致的。但是，保持城建文件的联系和便于保管利用，有时也不尽一致。如同一项目的会议记录、照片和录音磁带，就其内容而言，无疑是有相互重要的内在联系。但是把这些形式不同的材料全部混同进来进行整理，则显然不便于保管和利用。在整理档案时，特别是在保持城建文件之间的联系和便于保管利用发生矛盾的时候，不能机械地运用保持文件联系的原则，要充分考虑档案保管和利用的方便。因此，对于不同种类的城建档案，或记录方式、载体材料、机密程度、保管价值等显然不同的文件，应当根据情况分别整理，恰当地组合，而在相应的范围内要求保持文件最优化的联系。

三、城建档案的编目

（一）城建档案编目的含义和内容

城建档案的编目是指城建档案馆（室）对城建档案进行著录、标引和组织、制作目录的工作，是城建档案管理中的一项重要内容。

城建档案编目分为两个阶段：一是在城建档案整理过程中进行的初步编目，包括案卷封面编目（拟定案卷标题、确定和填写卷内文件起止日期等），编制案卷目录和卷内文件目录，以固定整理工作的成果；二是在初步编目的基础上编制案卷（文件）目录、总目录、分类目录、计算机机读目录、缩微目录、专题目录等，以提供各类档案检索工具和报道目录。

城建档案编目的内容主要包括城建档案著录、标引、目录组织等。

（二）城建档案的著录

1. 城建档案著录的含义

城建档案著录是指在编制城建档案目录时，为提取城建档案信息，对城建档案内容和形式特征进行分析、选择和记录的过程。内容特征，就是对城建档案主题的揭示，包括城建档案的分类号、主题词、摘要等。形式特征，包括城建档案的题名、责任者、形成时间、地点、档案号、载体等。

2. 城建档案著录的作用及意义

城建档案著录工作具有登记、介绍、报道、交流和检索的作用，其中最主要的是检索作用。

无论是组织手工检索工具体系，还是建立计算机数据库，都必须通过著录工作，对纳入检索系统的每一个文件给出检索标识。没有检索标识的文件不能存储在检索系统中，当然也就不可能对其进行检索。因此，城建档案著录是进行档案检索，尤其是计算机检索的必不可少的前处理工作。

同时，档案著录的质量对于档案的检索效率具有重大影响。如果著录中主题分析不准确，给出的主题与档案实际内容不相符合，就会造成漏检或误检。如果著录人员不熟悉检索语言，给出的检索标识与档案主题概念不符，也会造成漏检或误检。因此，档案著录工作是一项要求较高的工作，而且，工作量也相当大。档案著录工作的质量，直接影响到城建档案现代化管理的成效。

3. 城建档案著录的规定

（1）著录级别。依据著录对象的不同，可将档案著录划分为工程（项目）级、案卷级、文件级三级。

（2）著录详简级次。著录详简级次指著录的详简程度，分为简要级次和详细级次。条目仅著录必要项目的称简要级次。必要项目包括：正题名、文件编号、工程（项目）地址、第一责任者、时间、专业记载、档号、缩微号、存放地址号、主题词。

条目除著录必要项目外，还著录部分或全部选择项目的称详细级次。选择项目包括：并列题名、副题名及说明题名文字、其他责任者、附件、稿本与文种、密级、保管期限、载体与数量、附注、提要、档案馆代号、电子文档号。

（3）著录文字要求。著录用文字必须规范化。文件编号、时间项、载体与数量项、专业记载项、排检与编号项中的数字一律用阿拉伯数字。其他语种文字档案著录时必须依照其语种文字书写规则。

（4）著录信息源。著录信息来源于被著录的档案。单份文件著录时，主要依据文头、文尾。一个案卷著录时，主要依据案卷封面、卷内文件目录、备考表等。被著录的档案信息不足时，参考其他有关的档案、资料。

（三）城建档案的标引

在城建档案著录中，对档案内容进行分析和选择，并赋予其规范化检索标识的过程称为档案标引。其中赋予其分类号标识的过程称为分类标引，赋予其主题词标识的过程称为主题标引。

1. 档案标引分类标引应遵循的原则

（1）以国家机构、社会组织从事社会实践活动的职能分工为基础，结合档案记述和反映的事物属性关系，并兼顾档案的其他特征。

（2）城建档案管理机构应以城市建设档案分类大纲为依据，编制科学、切实可行的分类法则。

（3）建设系统业务管理档案以及工程建设、勘测、设计、施工、监理等单位管理的城建档案分类由形成单位按照本单位制定的分类体系进行。

（4）档案分类标引应充分考虑实际的检索需求和检索方式，根据档案的具体内容和社会需求，选定适当的标引深度。

（5）档案分类标引必须按专指性的要求，分入恰当的类目，不得分入较宽的上位类或较窄的下位类。

（6）档案分类标引应保持一致性。

2. 档案标引应遵循的规则

（1）应以现行国家标准《文献主题标引规则》（GB/T 3860—2009）为依据。

（2）标引深度不宜超过 10 个主题词。

（3）城建档案的主题标引对象应分为工程（项目）、案卷和文件三个层次。

（4）主题标引应客观地揭示出城建档案所记载或论述的对象的主题概念。

（5）城建档案的主题概念，是标引的主要概念和主要对象。

（6）应采取概括的整体标引和重点性的分析标引相结合的原则，进行适度标引。

（7）应尽可能保持中心主题标引与该档案主要分类标引的匹配。

（8）使用关键词标引应严格控制。

3. 档案标引的步骤和方法

标引的步骤主要包括主题分析和概念转换两个方面。具体地说就是通过对档案内容进行分析，明确档案中所记述的主要内容，然后用检索语言将其充分、准确、简明地表达出来。档案分类标引和主题标引都离不开这两个步骤。在主题分析方面，分类标引和主题标引的方法大体一致，只是根据标引方针不同对主题的确认程度不同而已，但在概念转换方面二者有所不同。

（1）主题分析。主题分析是确定被标引档案主题概念的过程。主题分析的主要内容有两个方面：一是分析主题的类型；二是分析主题的构成因素，也称主题因素。

主题的类型依据档案内容可分为单主题和多主题。单主题是指一件（卷）档案只表达一个问题；多主题是指一件（卷）档案表达两个以上的问题。

主题因素分为五种。

第一，主体因素。即反映文件主题内容的关键性概念。

第二，通用因素。即对主体因素起补充和限定作用的通用概念。

第三，位置因素。即文件所记述对象的空间和地理位置概念。

第四，时间因素。即文件所论述对象存在的时间概念。

第五，文件类型因素。即文件类型和形式方面的概念。在档案标引中，主体因素是最重要的，必须标出。

主题分析时，可通过审读档案、阅读题名、浏览正文、查阅档案的外部特征等方法进行。

（2）概念转换。指将主题分析过程中获得的主题概念转换（翻译）成为检索语言中的检索标识的过程。它不是字面上的转换，而是根据概念的涵义来进行转换。正确的主题分析是概念转换的可靠基础。概念转换正确与否，又直接关系到标引结果的正确性。

分类标引概念转换的基本方法：根据主题分析的结果，查找档案分类表，将其相应类目的分类号作为检索标识赋予被标引文件。

主题标引概念转换的基本方法：根据主题分析的结果，查找档案主题词表，将其相应的主题词作为检索标识赋予被标引文件。

对于单主题文件的概念转换，只要赋予相应的一个分类号或一个至若干个体主题标识即可；对多主题文件则需要分解为单主题，分别赋予其分类号和主题词。

（四）城建档案目录的编制及组织

档案目录是档案检索工具的一种类型，与"索引""指南"相对。是指由城建档案馆（室）编制的，将档案的著录条目按照一定次序编排而成的检索工具。在计算机编目中，是指将一批记录按照一定次序组织排列而成的一种揭示、报道和检索档案信息的工具，即机读目录。

档案目录组织是将条目按一定的体系组织成目录，使之成为有密切联系的整体的过程。其主要工作是目录内各种条目的排列。

第一，案卷目录。它是以案卷为单位，依据档案整理顺序组织起来的，并按案卷号次序编排而成的一种馆藏类检索工具。其主要作用是固定档案的分类体系和案卷的排列次序，又是统计和检查案卷数量的依据和查找利用档案的基本工具，也是向档案馆（室）移交档案的交接凭证。

第二，分类目录。它是依据档案分类表，按照分类标识以一定次序编排而成的一种查找检索工具。分类目录的主要特点是系统地揭示档案的主题内容，具有较强的族性检索功能。分类目录一般采用卡片式，即分类卡片。分类卡片就是将档案馆（室）永久和长期保存的文件或案卷，逐一制成卡片，按照档案分类体系进行分类排列。

第三，专题目录。它是揭示档案馆（室）内有关某一专门题目档案内容和成分编制的一种检索工具。如工程项目目录、责任者目录。一般采用卡片式和机读式。专题目录的编制主要是根据检索工作的需要，对馆藏档案内容中利用效率高的同一专题档案的内容和形式特征进行著录标引，以方便利用者的利用。编制方法是选题、制订计划、筛选专题档案、著录标引等。

第二节　城建档案的统计、鉴定与保管

一、城建档案的统计

（一）城建档案统计的内容

城建档案统计工作，是以数字和报表的形式，揭示城建档案的库藏和城建档案管理状况的一项基础工作。统计工作是城建档案事业建设的一项重要的基础工作，是对城建档案业务和城建档案事业管理实行监督的有效手段，一般每年至少进行一次。统计工作包括下列主要内容：

第一，城建档案统计调查，即在确定城建档案统计任务和方案后，根据研究的目的，搜集各种城建档案统计资料。

第二，城建档案统计整理，即对调查取得的城建档案统计资料，进行汇总、整理、分组、计算，得出所需要的档案统计指标。

第三，城建档案统计分析，即对经过整理的城建档案统计资料，结合实际情况，进行分析研究，发现问题，提出意见。

第四，统计年报是为了解城建档案工作的规模、结构和发展水平，全面、及时、准确地反映各地区城建档案工作基本情况，为制订发展规划和进行科学管理提供依据而制定的统计报表制度。

（二）城建档案统计的要求

第一，城建档案统计要坚持实事求是，如实反映情况，确保统计数据的真实、准确，这是统计工作的基本要求。

第二，城建档案统计工作应建立健全工作制度，指派专人从事城建档案统计工作。

第三，统计时间要及时，数据和情况要按时更新，以确保统计数据的时效性。

第四，统计工作要持续不间断地进行，以获取连续性强的统计数字，这样才能比较客观地反映统计对象发展、变化的规律性。

第五，统计工作应按照上级部门规定的统一方法、计量单位、报表格式进行。

第六，统计报表应字迹工整、清晰，并应按上级部门规定的时间要求及时报送。

第七，填写统计报表应认真、严谨，不得伪造。

第八，各类档案统计报表及综合统计报表，除报上级部门外，本单位应自留一份存档备查。

（三）城建档案统计的步骤和方法

统计工作应按照统计调查、统计资料整理、统计分析、汇总上报四个步骤进行。

第一，统计调查。统计调查既包括对原始资料的收集，也包括对已经加工的资料的搜集。按照收集档案统计资料的组织方式的不同，分为常规统计和专门组织的统计。专门组织的统计常用的方法有普查和抽样调查。

常规性统计，即对城建档案的构成数量、保管状况、鉴定情况、利用情况及机构队伍等基本情况进行的定期统计调查。

专门组织的统计，是为完成某种调查任务的需要而专门组织的一次性全面调查统计。

第二，统计资料整理。城建档案统计资料整理是对档案统计调查所获取的大量的、个别单位的统计资料加以系统化，使之成为能够反映城建档案工作整体现象的统计资料的工作。统计资料整理应包括下列内容：①城建档案统计分组，将被研究的城建档案工作现象总体按照一定的标志划分为若干个不同类型的组进行整理；②形成城建档案统计表。

第三，统计分析。城建档案统计分析是在大量统计资料、数字和数据的基础上，经过综合加工、分析而产生一种颇有说服力的档案统计信息，它融数据、情况、问题、建议为一体，既有定量信息，又有定性信息，体现城建档案统计工作活动的最终成果，是实现城建档案统计工作对整个城建档案工作服务和监督的主要形式。

统计分析可采用专题分析、综合分析、对比分析、分组分析等方法。根据统计分析的结果撰写统计分析报告。

第四，统计材料的汇总上报。统计材料的汇总上报可根据要求采取方法包括：①逐级汇总上报；②集中汇总上报；③越级汇总上报。

二、城建档案的鉴定

（一）城建档案鉴定的内容、任务与意义

1. 城建档案鉴定的内容

"城建档案馆作为城市重要城建档案资料储存、交流和服务中心，经过数十年的发展，各项业务工作已步入正轨，馆藏档案门类日渐完善，库存档案数量急剧增长，利用需求逐

年增加，使得馆藏档案数量和质量的矛盾日益突出。"① 城建档案鉴定是城建档案机构按照一定的原则、标准和方法，根据城建档案的价值来决定对其进行最后处置的档案工作职能。也称为评价、审查、选择、选留，是贯穿于档案工作全过程的一项工作。

城建档案鉴定工作的基本内容包括六个方面：

（1）制定城建档案价值鉴定的统一标准及各类城建档案的保管期限表。

（2）具体分析城建档案的价值，划分和确定不同档案的保管期限。

（3）将无保存价值和保管期满的城建档案，按规定对其进行销毁或做相应的处理。

（4）确定归档材料的密级。

（5）定期对所保管的城建档案进行降密与解密。

（6）围绕上述工作而开展的一系列鉴定组织工作。

2. 城建档案鉴定的任务

（1）通过鉴定城建档案的保存价值，划分保管期限，确定馆藏成分，优化馆藏城建档案的质量。

（2）通过确定城建档案的保存价值，为城建档案馆的收集和保管工作奠定基础。

3. 城建档案鉴定的意义

（1）城建档案鉴定是"去粗取精"，提高管理效益的科学措施。随着时间的推移，城市建设各项工作的快速发展，城建档案的数量不断增多，如果"玉石不分"地全部保存，致使库存城建档案显得庞杂而不精练，同时也势必影响对有价值城建档案的管理和利用。城建档案的鉴定在某种意义上讲，就是解决庞杂与精练的矛盾，是对城建档案材料进行"去粗取精"的工作。城建档案鉴定工作有助于集中人力、物力，使有价值城建档案能得到更妥善的保管，有利于城建档案信息价值的充分发挥。

（2）城建档案鉴定是关系"档案存亡"的一项非常严肃性的工作。鉴定实质上是对档案材料的命运选择，它决定了档案的"去留""存毁"，涉及城建档案馆藏的质量。如果错误地销毁了有价值的城建档案，会造成无可挽回的损失；反之，保存大量无价值的城建文件材料而使"档案膨胀"，也有碍于城建档案的科学管理和利用。因此，开展城建档案鉴定工作必须严肃认真，而且要求具备较高的专门知识和业务水平，以最大限度地保证鉴定的准确性。

---

① 孙妍：《浅谈城建档案的鉴定工作》，载《黑龙江档案》2019 年第 3 期，第 80 页。

（二）城建档案鉴定的原则与标准

1. 城建档案鉴定的原则

城建档案鉴定工作的原则，就是必须从国家和社会的整体利益出发，用全面的、历史的、发展的观点来判定档案的价值，城建档案的存、毁，应遵循谨慎、认真的原则。

全面的观点。就是全方位地、多层次地预测城建档案利用的需要，估计和判断城建档案的潜在价值，全面分析和衡量城建档案的作用，要多角度全面地审视城建档案的内部特征和外部特征，切忌孤立地、简单地判定城建档案的保存价值。

历史的观点。就是尊重历史，根据城建档案形成的时代背景、历史条件，具体分析城建档案的内容和形式，以及城建档案文件之间的相互关系，从而衡量、判定城建档案价值功能。

发展的观点。就是以发展的眼光去认识和估量城建档案的价值，预测城建档案的长远历史意义。既要分析城建档案在当代的现实作用，又要充分推测判断城建档案为后人发挥的历史作用。

2. 城建档案鉴定的标准

城建档案价值鉴定标准主要有城建档案来源标准、城建档案内容标准、城建档案形式特征标准。

（1）城建档案来源标准。城建档案的来源是指城建档案的形成者。城建档案形成者在社会上的地位、作用和职能可影响和决定城建档案的价值。

（2）城建档案内容标准。城建档案内容是决定城建档案价值最重要、最本质的因素。当城建档案的内容能够为利用者解决疑难，满足利用者的信息需要，便体现出城建档案内容的潜在价值。对城建档案内容的分析可着眼于四个方面。一是城建档案内容的重要性。城建档案是对历史活动的记载，而这些活动本身的重要程度直接影响城建档案的价值。同时，在维护国家、集体、个人利益，在科学研究、总结经验等方面具有证据性、查考性作用的城建档案都具有较高的价值。二是城建档案内容的独特性。城建档案形成是城建历史活动的原始记录，以孤本最为稀有，其内容的"独一无二"等特点，是决定城建档案特有价值的重要因素。三是城建档案内容的时效性。城建文作为处理城建事务、记录城建时事、传递城建信息的手段，在行政上、业务上、法律上具有一定的时效性。城建文件的时效性也对城建档案的价值发生直接影响。四是城建档案内容的真实性、完备性也要加以考察，以准确把握城建档案内容的价值。

（三）城建档案鉴定的类型

城建档案鉴定工作的类型有两种：进馆鉴定和馆内鉴定。

第一，进馆鉴定，就是城建档案接收进城建档案馆前的鉴定，主要是对移交来的城建档案进行筛选，对原有的鉴定结果进行审核把关，按照馆藏建设的要求决定城建档案是否接收进馆，起到优化馆藏的作用。这项鉴定工作的内容一般包含在城建档案馆（室）的城建档案接收归档等前期工作中。

第二，馆内鉴定，就是在城建档案馆进行的，对保存在城建档案馆的城建档案进行的一种价值鉴定，包括定期鉴定、到期鉴定、开放鉴定和销毁鉴定等。定期鉴定，就是定期对馆藏城建档案保存价值进行复查。到期鉴定，就是对保管期限到期的城建档案进行再鉴定，将确无保存价值的城建档案剔除，仍须继续保存的城建档案重新划定保管期限。开放鉴定，就是按照国家有关规定，对应当向社会开放的城建档案进行甄别，决定是否开放。销毁鉴定，就是在准备销毁城建档案之前，对经鉴定后欲销毁的城建档案进行最后的复查，避免错误销毁城建档案。

（四）城建档案鉴定的方法

第一，城建档案的鉴定宜采用直接鉴定法，即城建档案的鉴定人员通过直接审查城建档案材料的内容及各种特征来鉴定其保存价值和密级。

第二，城建档案鉴定应根据城建档案保管期限表、档案密级及控制利用范围的规定，结合城建档案自身特点和状况，以及社会利用的需要等进行。

第三，城建档案的价值可从三方面进行分析：①档案的内容；②档案的来源、时间和形式等；③档案的完整程度。

三、城建档案的保管

（一）城建档案保管的含义和内容

城建档案的保管与保护是指根据城建档案的成分和状况，所采取的存放和安全防护措施的一项经常性业务工作。维护城建档案的完整与安全是城建档案工作基本原则和基本要求，而城建档案保管和保护工作是实现维护档案的完整与安全的重要环节和直接手段。实现维护档案的完整与安全就是城建档案的保管与保护工作最基本的、经常的任务。

城建档案保管与保护工作是城建档案管理部门的一项经常性业务工作。主要包括三个方面的内容：

第一，城建档案的库房管理，是指库房内城建档案科学管理的日常工作。

第二，城建档案流动过程中的保护，是指城建档案在各个管理环节中一般的安全防护。

第三，保护城建档案的专门措施，是指为延长城建档案的寿命而采取的诸如复制和修补等专门的技术处理。

这三方面的工作，有的要与收集、整理和利用等工作同时结合进行，有的则须单独组织进行。

（二）城建档案保管的任务和意义

1. 城建档案保管的任务

城建档案保管与保护工作是城建档案工作的重要环节，其基本任务是：了解和掌握城建档案损坏规律，通过经常性工作，采取专门的技术措施，最大限度地防止和减少对城建档案造成危害的不利因素，延长城建档案的寿命，维护城建档案的系统性和完整性，保证城建档案的安全。

城建档案损坏和遭受破坏的因素有两种：人为因素和自然因素。

人为因素，主要表现在三个方面：第一，出于某种不良动机，故意对某些档案文件进行有目的、有意识的破坏；第二，由于档案工作人员或整理、保管、利用档案时接触档案的有关人员麻痹大意，或玩忽职守，或不遵守规章制度，以及缺乏城建档案业务经验等，导致管理和使用上的不善而造成城建档案的丢失、损坏或档案系统的紊乱；第三，在城建档案管理和利用过程中，难以避免地发生档案的老化，如频繁使用、复印等造成的磨损、老化等。

自然因素，主要有两个方面：①内因，档案本身，主要是指档案文件的制成材料、字迹材料，如纸张、胶片、磁带等载体材料，墨水、油墨等书写、印刷及其他附着材料，这些材料本身的耐久性及其变化直接影响到档案本身的寿命；②外因，档案所处的环境和保管档案的条件，如不适宜的温湿度、光线、灰尘、虫、鼠、水、火、机械磨损、腐蚀性气体、强磁场以及人为污损等因素对城建档案的损害。

因此，城建档案保管和保护工作的实质就是档案人员向一切可能损害档案的自然的、人为的因素进行科学的挑战。

2. 城建档案保管的意义

城建档案保管与保护工作在整个城建档案工作中具有重要意义。

（1）做好城建档案保管与保护工作是集中统一管理城建档案、维护城建档案的完整与安全的重要措施，也是不断丰富城建档案馆藏的重要条件。如果城建档案的完整与安全得不到保证，集中统一管理城建档案也就失去了意义，城建档案其他业务工作的开展也就失去了物质基础，丰富馆藏也就无从谈起。

（2）城建档案保管与保护工作质量的高低，对提高城建档案管理水平具有重大的影响，甚至在一定条件下具有决定性的影响。城建档案保管得好，就为整个城建档案工作的进行提供了物质对象，提供一个最起码、最基本的前提。反之，如果不能有效地延长其寿命，甚至损毁殆尽，那就会使整个城建档案工作丧失最起码、最基本的物质前提。如果保管马虎，杂乱无章，造成失密、泄密，都会严重影响整个城建档案工作的秩序。

（三）城建档案保管的要求和原则

第一，具备符合专门要求的库房和设备。这是做好城建档案保管工作的最基本的物质条件。

第二，城建档案保管人员一定要具备相应的专业知识，且具有强烈事业心和高度责任感。在同等条件下，人的因素往往比物质因素更重要。物质条件是基础，人的因素是关键。

第三，保管人员要经常性地分析和观察城建档案的安全情况以及造成城建档案损毁的因素，及时采取合适的方法和措施，不断地改善保管条件，改进保管方法，有针对性地解决好城建档案保管工作中出现的各种问题。

第四，保管与保护工作一定要贯彻"以防为主，以防为先，防治结合"的原则，确保档案的长久与安全。

（四）城建档案的异地保管

1. 异地保管的内容

异地安全保管，就是指对列入重点保管范围的重要城建档案实行多套留存或备份，分别保存在不同的相对安全的地方。

异地安全保管工作的主要内容有：制作副本、电子文件备份、异地存放。

制作副本，就是对重点保管的城建档案进行复制或数字化扫描，制作成副本，原件封闭式保存，副本留存供平时利用。

电子文件备份，就是对电子文件建立多文件夹，供平时查档利用和数据备份。

异地存放，就是指多套重要的城建档案存放在不同的地方。重要的电子档案必须在不同的载体（光盘、磁盘、硬盘、服务器等）上进行备份。

2. 异地保管的作用

对重要的、价值较大的城建档案实行异地安全保管的作用有以下方面：

（1）可以延长重要城建档案的寿命，使其能够发挥更长、更大的作用。

（2）可以避免由于管理不当或者意外突发事件对城建档案造成无法弥补的损害，从而更好地维护城建档案完整与安全。

（3）可以提高城建档案管理人员的防护意识，培养他们的社会历史责任感。

（五）档案室的要求

第一，建设系统各专业（档案）管理部门档案室应设有档案库房，库房面积满足档案存贮的需求。库房与办公、查阅等用房分置。

第二，库房应有良好的适宜保管档案的环境和条件，符合防火、防水、防盗、防震、防高温、防潮、防霉、防鼠、防虫、防尘、防光、防磁、防有害气体、防有害生物等要求。

第三，库房应配置足够数量的档案柜、档案架。档案装具符合现行国家规定标准《档案装具》的相关规定。

第四，库房应配置必要的保管设备，如：吸尘器、温湿度测量仪、去湿机、空调、应急照明灯以及消防灭火设备等。

（六）城建档案馆库房管理要求

1. 一般要求

库房管理工作应有专人或设专职人员负责。

库房应采取防火、防盗、防潮、防高温、防虫、防光、防磁、防鼠、防有害气体等防护措施，应当配备如下设备：

（1）通风、去湿和空调设备。

（2）温湿度自动记录仪及相关的监控设备。

（3）烟火传感报警装置、干粉灭火机或气体灭火机。

（4）防盗报警装置、防盗门窗。

（5）除尘器。

（6）消毒机或消毒箱以及防虫防霉药剂。

城建档案馆应编制档案存放位置索引，把每个库房档案柜、档案架内档案存放的实际情况绘成平面示意图，供保管和调卷人员使用。

2. 排放与编号要求

（1）应根据档案库房大小、形状、朝向合理排放和布置档案架、档案柜，并方便档案的存取、便于通风和自然采光。

（2）档案架、档案柜排列应与窗户垂直，架侧、柜侧与墙壁间距应不小于60cm，架背、柜背与墙壁之间的距离应不小于10cm，前排与后排间距应保持在1~1.2m。

（3）库内的档案架、档案柜应统一编号。编号宜自门口起从左至右流水编号，每个档案架、档案柜的栏也宜从左向右编号，每栏的格宜自上而下编号，并以标签的形式在架、柜上标出编号。

（4）城建档案装入档案柜或密集架时均应采用分类排列法或顺序排列法进行。

（5）有两个以上库房的城建档案管理机构应进行库房编号，编号应采用流水号顺序编排。

（6）绝密、重要以及珍贵的档案应与其他档案分开存放；不同载体形式的档案应分库存放；底图、地形图等应采用平放方式保存，板图可装在袋内或保护夹内，竖立放置或平放在柜架上；录音录像、磁盘等磁性载体的档案应放入专门的档案柜中保管。

（7）档案的摆放可分别采用竖放、平放、卷放等方法。

第三节　城建档案的缩微与修复

一、城建档案的缩微

城建档案缩微就是利用摄影原理，将档案原件上的信息按照一定的缩率拍摄记录在感光胶片上。缩微技术产生于 20 世纪 20 年代至 20 世纪后期，缩微摄影技术得到了快速发展，并随之被世界各国普遍采用。尤其是在图书、文献、档案等管理部门的应用更为广泛。

（一）城建档案缩微的优点

第一，缩小档案体积，减少存贮空间，便于收藏。缩微品体积很小，一般缩微比率范围为（1/7）至（1/48），超高缩微比率范围可达（1/90）至（1/250）。特超缩微甚至可以缩小到几万分之一。因此，缩微品的存储密度同目前的光盘的信息存储密度相近似。如果将一个馆藏几万卷的库房档案，缩微后只要 1 至 2 节档案柜就可以存放。因此，将档案拍摄成缩微胶片，就可以解决大量档案的空间占用问题。

第二，延长档案寿命，有利于档案的超长期保存。采用缩微摄影技术，将纸质档案材料摄制成缩微胶片，是国际档案界普遍公认的最耐久的保存、保护手段。历史已经证明，缩微胶片可保存上百年，现在用安全片基银盐缩微胶片制成的缩微品预期寿命可超过 800 年。因此，同样在恒温恒湿的条件下，缩微胶片的保存期要比现代机制纸的保存期长得多。而且，缩微品还可以不断复制，随着胶片材料的更新换代，档案信息的永久保存完全可以成为现实。

第三，复制档案容易，有利于更好地保护档案原件。档案缩微后，可以用缩微品直接替代原件提供利用，并根据利用者的需要，还可以将缩微品随图放大或者局部放大，复制成任意份数，从而减少了档案原件在频繁使用中的磨损，使档案原件能得到更好的保护。

第四，便于档案信息的存储形式转换和快速传递。档案的纸质载体经缩微摄影，原载体信息不仅转换成了缩微影像胶片载体信息，而且还可以转成数字化信息。由于缩微后的档案解决了信息存储形式上的转换，使档案信息既可存贮在磁盘或光盘上，也可以通过网络，实现档案信息的快速传递。因此，它不但可以实现大容量的信息存贮，还可同其他现代化技术结合起来，实现信息的快速检索、传递、交换和管理，方便了档案文件的保管、保护及利用。

第五，查找迅速，利用方便，可以提高办公效率。档案缩微不管原件幅面的大小，都可以缩摄在同一尺寸的胶片上，规格整齐划一，便于日常管理和快速检索、显示和复印。因此，缩微摄影技术与其他现代技术进一步结合，将会大大提高档案信息的处理能力和工作效率。

第六，信息安全可靠，法律凭证性强。缩微胶片在使用中即使不小心受到损伤，如划痕、断裂等，也只是局部的有限范围，大部分信息都不受影响，这是现代数字产品无法替代的。而且，缩微就是对档案原样的拍摄，完全可以将原件的内容、图形、格式、字体等原原本本地忠实记录下来，形成与原件完全相同的缩小影像，不易更改。因此，许多国家（包括中国）规定，按一定标准拍摄的缩微胶片具有法律凭证作用。1990 年 11 月，国家档案局发布的《中华人民共和国档案法实施办法》规定各级各类档案馆提供社会利用的档案，应当逐步实现以缩微品代替原件。档案缩微品和其他复制形式的档案载有档案收藏单位法定代表人的签名或者印章标记的，具有与档案原件同等的效力。这就为档案原件的再生性保护提供了法律依据。

（二）城建档案缩微的基本要求

第一，缩微拍摄的城建档案文件和图纸应为原件。通过数字胶片打印机制作缩微片时，应保证所用数据为原始数据。

第二，城建档案缩微宜采用 35mm 卷片拍摄。工程图纸原件和拍摄工作应符合现行国家标准《技术图样与技术文件的缩微摄影第 1 部分：操作程序》第一部分的有关操作程序要求。

第三，缩微拍摄前应对原件的质量和数量进行审核。

第四，缩微拍摄前应编制缩微目录。

第五，缩微拍摄的影像排列顺序应分为片头区、原件区和片尾区。

第六，须补拍时应做出更正说明；接续片的片尾片头应做拍摄标识符号；接片应符合现行国家标准《缩微摄影技术有影像缩微胶片的连接》的规定。

第七，缩微拍摄后应对缩微片进行质量检查。检查项目应包括密度值、解像力、硫代硫酸盐残留量和外观。其质量应符合现行国家标准《技术图样与技术文件的缩微摄影第 2 部分：35mm 银-明胶型缩微品的质量准则与检验》和《缩微摄影技术源文件第一代银-明胶型缩微品密度规范与测量方法》的规定。

第八，向城建档案管理机构报送的城建档案缩微品应包含缩拍目录、补拍说明、更正说明、执行的技术标准。

第九，缩微片应保存两套，一套为用于长期保存的母片，另一套为用于复制和使用的二代拷贝片。

第十，缩微品的保管环境应保持恒温恒湿。其保存应符合现行国家标准《缩微摄影技术银-明胶型缩微品的冲洗与保存》的要求，每年应抽取保管总量的 20%，对缩微片的情况进行检查。

二、城建档案的修复

城建档案在形成、保管和利用过程中，由于受到各种因素的影响，而使档案载体受到不同程度的损坏，如撕裂、残缺、污损、霉变、虫蚀、纸张脆化、字迹褪色等。为了延长档案的使用寿命，更好地提供利用，必须对受损的档案采取相应的技术措施和方法，予以及时修复，恢复档案的本来面目。因此，档案的修复是档案管理工作中的一个重要组成部分。所谓修复，就是对已经损坏或存在着不利于永久保存的因素的档案进行技术处理，以增强档案载体材料的耐久性。

档案修复是一项技术性强、细致复杂的工作，要求档案修复人员必须具有高度的责任心、认真细致的工作态度和过硬的业务技能。档案修复应符合现行行业标准《档案修裱技术规范》的规定要求。

（一）城建档案修复的原则

第一，尽量恢复和保持档案原貌。

第二，修复方法一定要稳妥可靠，不得贸然行事，以免对档案原件造成再次损害。

第三，修复时所使用的材料和方法都要有利于档案制成材料的耐久性。

（二）城建档案的去污

档案在长期保存和利用过程中，由于环境和人为等因素，难免会形成各种污痕、霉斑等。这些污斑不仅使档案的外观受影响，妨碍阅读和使用，而且还会损伤档案材质的耐久性，严重的还会进一步扩散遮盖字迹、数据，使档案无法利用。为了更好地保存和利用档案，必须及时除去这些污斑。

由于各种污斑的组成和性质不同，因而去污方法也有所不同，应该根据档案上污斑的具体情况，灵活运用不同的去污方法进行处理。常用的去污方法是溶剂去污法和氧化剂去污法。

1. 溶剂去污

溶剂去污是一种物理去污法，它是利用溶剂的溶解力实现污斑的清除。常见的有水洗法和有机溶剂去污法。

（1）水洗去污法。水是一种常用的溶剂。它是由两个氢原子和一个氧原子组成的极性分子，具有较强的溶解力。适宜用于去除泥斑、水斑等污斑。

泥斑主要含有黏土及杂质，是极性物质，通常是机械地黏附在档案表面。去污时将档案平铺在工作台上，用软毛排笔刷去污泥。对于较厚的泥斑可用小刀轻轻刮去。然后，把档案放在一块玻璃上，一起放入盛有 70℃ 左右温水的容器中。由于水和黏土都是极性分子，二者异极相互吸引，使黏土溶解。水洗时，可用软毛刷轻轻刷洗污斑。水洗后，取出档案，放在吸水纸中压干。但此方法不宜用于字迹材料为水溶性的档案。

（2）有机溶剂去污法。有机溶剂可去除档案上的油斑。

油的主要成分是高级脂肪酸的甘油酯。是非极性分子，不溶于水，而能溶于非极性的有机溶剂中，如汽油、四氯化碳等。这些溶剂对纸张并无危害，但能溶解某些材料中字迹的色素，因此，在使用有机溶剂去污前必须先做试验。

去除油斑时，把档案反扣在滤纸上，用棉签蘸上溶剂，涂擦于油斑背部。油斑溶解后即被下面的滤纸吸收。擦除油斑时应不断更换滤纸和棉签。当用一种有机溶剂不易除去油斑时，可以使用 1:1 混合的三氯甲烷和四氯化碳溶剂，以增强其溶解力。

由于有机溶剂易燃，且有一定的毒性，因此，必须谨慎操作，并保持良好的通风。

2. 氧化剂去污

氧化剂去污是使污斑与氧化剂发生化学反应，变成无色物质而被除去。是一种化学去污法。主要去除溶剂难于去除的霉斑、蓝黑墨水斑、铁锈斑等污斑。

氧化剂种类很多，分子结构各异，氧化能力也有不同。但须注意的是：氧化剂不仅能氧化污斑，而且还能在一定程度上氧化纸张中的纤维素以及字迹材料中的色素，从而导致纸张强度下降，字迹褪色等现象。因此，应根据纸张的种类和强度、字迹材料中的色素成分和污斑的性质，合理选择相应的氧化剂。常用的氧化剂有高锰酸钾、过氧化氢、亚氯酸钠、二氧化氯等。

（1）高锰酸钾去污法。首先把需要去污的档案浸在水中，使其湿润，把湿润的档案放入 0.5%至 1%的高锰酸钾溶液中约 5min 后取出，再放入 0.5%至 1%的亚硫酸氢钠溶液中，使之慢慢变为白色。然后，用清水冲洗档案，并将其放在吸水纸中压干。由于高锰酸钾的氧化性很强，因此，对于木素含量较高的新闻纸等，不宜用高锰酸钾去污。因为木素很容易氧化，纸张一旦氧化变色后，难于再恢复其原来的白度。

（2）过氧化氢去污法。过氧化氢是一种无色液体，漂白是它的主要用途之一。去污时，为了减弱对纸张强度的影响，可用过氧化氢与乙醚混合，形成一种较温和的氧化剂溶液。乙醚是有机溶剂，它可以溶解部分污斑。

配制混合液的方法是：将乙醚放入锥形瓶中，把等体积的过氧化氢放在分液漏斗中，然后将过氧化氢慢慢滴入锥形瓶中，边滴边摇动锥形瓶，使之充分混合后，盖上瓶塞，再用力摇动 5~10min。随后，静置片刻，此时，锥形瓶中的液体便会分为上下两层，用吸管吸出上层的混合液，按照有机溶剂去污的方法除去污斑。

（3）亚氯酸钠去污法。亚氯酸钠也是一种很和缓的氧化剂，因此，对纸张纤维没有损伤，而是有选择性地对污斑色素进行氧化漂白。

具体方法是：将受污档案放入每升含有 30g 亚氯酸钠的溶液中，浸泡约 10min，然后放进每升含 30g 亚氯酸钠的 2%甲醛溶液中浸 15~60min，最后用流动水冲洗 15min，再用吸水纸压干。

（三）城建档案的去酸

纸张的变质，其主要原因是造纸过程中的施胶以及大气污染等原因，使纸张带有酸性。酸能促使纤维素水解，纸张强度下降。根据大量科学试验证明，酸是纸张破损的主要原因。档案去酸就是根据中和原理，用碱性物质把纸张中的酸中和掉，使纸质文件的 pH 值提高到 7.0 左右，以有利于档案纸张的长久保存。

对档案纸张去酸，首先要测定纸张的含酸度。检测档案纸张的酸度可以用纸张快速测酸仪直接测定纸张的 pH 值。这种测酸方法的优点是：简便、快速，对档案纸张没有任何损伤。也可以用石蕊试剂在档案没有文字的不同部位各滴 1 至 2 滴，观察试剂颜色的变化。石蕊试剂在酸性中呈现为红色，在碱性中呈现为蓝色。纸色变红，就是微酸性；如果不变，可认为 pH 值在 7 左右，基本为中性；纸色变蓝，即为微碱性。另外，还可以用石蕊试纸检查 pH 值。先把试纸和要检查的纸张润湿后，相互贴紧压实片刻，观察石蕊试纸变色情况来判断档案纸张 pH 值的大小。当纸张的 pH 值达到 5 以下，说明酸性程度不小，需要进行去酸处理。去酸可以分为液相去酸和气相去酸。

1. 液相去酸

液相去酸是使用某些碱性溶液与纸张中的氢离子发生化学反应来降低酸度的方法。根据溶剂的使用种类，可以分为碱性水溶液和碱性有机溶液。

（1）碱性水溶液去酸。

第一，氢氧化钙–碳酸氢钙溶液去酸。把配制好的0.15%～0.2%的氢氧化钙和0.15%～0.2%的碳酸氢钙溶液分别装在两个容器中，将需要去酸的档案放在清水中浸湿后，移入氢氧化钙溶液里中和去酸约10～20min，然后拿出放入清水中漂洗一下，再放进碳酸氢钙溶液中中和去碱10～20min。中和去碱后取出档案，在吸水纸中压干。这种去酸方法的优点是：档案纸张中的酸除去了，呈中性或微碱性，残留在纸上的细微颗粒状的碳酸钙会慢慢地渗入纸纤维中，既能增加纸张白度，又能起到抗酸缓冲作用，防止纸张酸度提高。

第二，碳酸氢镁溶液去酸。将需要去酸的档案浸在碳酸氢镁溶液中20～30min，然后取出放在水中清洗。这种去酸方法的优点是：残留在纸上的碳酸氢镁会慢慢分解。生成对档案纸张起抗酸缓冲作用的碳酸镁。

碱性水溶液去酸的优点是：去酸溶液能渗透到纸张纤维中，去酸效果较好，而且去酸后的纸张上有碱性残留物，能防止纸张酸化。但缺点是只适合单张进行去酸，不能大批量处理，工作效率低。对于水溶性字迹材料的档案和纸张脆弱的档案，均不适合对其做浸湿处理。

（2）碱性有机溶液去酸。碱性有机溶液一般由去酸剂和有机溶剂组成。由于溶液中不含水分，因此，克服了水溶液去酸的缺点。

第一，氢氧化钡–甲醇溶液去酸。先将1.86g的氢氧化钡溶解在100mL甲醇溶液中，配制成1%的氢氧化钡–甲醇溶液。然后，根据纸张的强度情况，用浸泡法或喷洒法对档案进行去酸处理。去酸后的档案纸张上的氢氧化钡能与空气中的二氧化碳作用，生成碱性化合物碳酸钡，碳酸钡具有抗酸作用。

由于氢氧化钡和甲醇均有毒性，因此，在操作时必须注意安全。

第二，甲氧基甲基碳酸镁去酸。甲氧基甲基碳酸镁去酸法又称"韦陀法"。去酸时，先将档案装在金属丝筐里，置于真空干燥箱内干燥24h，让纸张含水量减少到0.5%。然后，将装有档案的金属筐放在处理罐中，用泵打入去酸溶液并加压，使去酸溶液完全渗透到纸内。反应约进行1h后，抽掉去酸液，进行真空干燥，最后，导入热空气至常压后，取出档案。这种去酸方法的优点是：档案纸张上残留有碳酸镁、氢氧化镁和氧化镁等碱性化合物，能起到抗酸缓冲作用。而且，干燥迅速无损纸张，处理量大，周期短，成本低。是目前比较理想的去酸方法。

2. 气相去酸

气相去酸就是将档案置于碱性气体或碱性蒸气中进行去酸的方法。

（1）氨气去酸。将盛有 1：10 稀氨水的容器放入处理罐内，把需要去酸的档案放入处理罐内约 24~36h。去酸后，纸张的 pH 值可达到 6.8~7.2。氨气去酸方法简单，成本低，适合大批量处理档案。缺点是，去酸后的档案上没有碱性残留物，纸张容易恢复酸度。

（2）二乙基锌去酸。去酸时，把档案装入处理罐内。为除去纸中水分，首先对其进行真空干燥。然后将二乙基锌放入罐内。在真空条件下，二乙基锌迅速气化，并渗透到纸张纤维内生成氧化锌。反应结束后，抽出乙烷，加入少量甲醇以消除残余的二乙基锌。然后，再通入二氧化碳。这样，一方面，有利于罐内压力回升，便于取出档案；另一方面，还可以把具有光氧化催化作用的氧化锌转换成具有抗酸缓冲作用的碳酸锌。二乙基锌去酸的优点是：去酸档案的处理量大，去酸后的档案能均匀地沉积碱性残留物，增强抗酸作用，而且对纸张、字迹材料均无影响，是目前较好的气相去酸法。但这种去酸方法对仪器设备及操作人员的技术要求较高。尤其是二乙基锌的化学性质非常活泼，在空气中很不稳定，容易与水发生反应，并有易燃易爆的危险，因此，操作时必须严格注意安全。

（四）纸质档案加固的常用方式

第一，涂料加固。在档案纸张、字迹表面加一层涂料，使其免受各种介质的影响及机械磨损，是目前国内外档案部门用以巩固字迹、提高纸张强度的一种加固方式。其优点是涂料配制简易，涂刷方便。缺点是可逆性差。

第二，丝网加固。丝网加固是用蚕丝织成网状，并喷上胶黏剂，在一定的热压力下，使丝网与档案黏合在一起的一种加固方式。其优点是透明度好，分量轻，耐老化。缺点是强度较低。适合纸张脆弱和两面有文字的档案加固。

第三，塑料薄膜加固。塑料薄膜加固是在档案正反两面或一面加上一层透明的塑料薄膜，以提高纸张强度、保护字迹的一种加固方式。塑料薄膜加固又分为热压加膜、冷压加膜和溶剂加膜。热压加膜机有汽热平板式和电热压辊式。热压温度一般掌握在 80~150℃，压力在 5~30kg/cm²。冷压加膜是用压膜机把具有黏性的薄膜直接和档案压合在一起，不用通电加热，取材容易，操作简便。溶剂加膜是使用有机溶剂，把透明薄膜黏合在档案上，是一种不用高温高压的简易加膜方式。

（五）城建档案的修裱

档案修裱就是使用黏合剂和选定的纸张，对破损档案进行"修补"或"托裱"，使档案恢复原有的面貌，以增加强度，延长使用寿命。档案修裱材料和技术方法应符合下列规定。

第一，修裱应使用黏性适中、化学性能稳定、中性或微碱性、不易生虫、不易长霉、色白或无色透明，具有可逆性的黏合剂。

第二，修裱用纸应选择有害杂质少、有较好的耐久性、纤维交织均匀、薄而柔软、有一定强度、呈中性或弱碱性的接近档案原件颜色的纸张；宜使用宣纸、棉纸、云母原纸、卷烟纸等手工纸。此外，还可以用高丽纸、呈文纸、吸水纸等作为修补档案时的辅助用纸。

第三，应针对档案残缺、破损情况采取合适的修裱方法，可选用补缺、溜口、加边、接后背、托裱等修裱方法。

第四，修裱后的档案应经过干燥、修整。

总之，档案修裱设备、工具、材料的准备与选择、修裱前期准备工作，以及档案修补技术、揭补技术、托裱技术、丝网加固技术、地图托裱技术等，都应按现行行业标准《档案修裱技术规范》的有关要求执行。

（六）城建档案字迹的恢复

档案在保管和利用过程中，特别是一些年代久远的档案，字迹会扩散、褪色或被污斑遮盖，轻则影响外观，重则有碍阅读利用，因而需要采取相应的措施使其恢复与显示。由于字迹种类繁多，性质各异，损坏程度不同，恢复和显示的方法也应有所不同。目前，档案字迹的恢复和显示有"化学法恢复"和"物理法显示"两种方法。物理法显示字迹主要是通过摄影法或数字图像处理技术来实现。而化学法恢复字迹是利用化学物质与褪色字迹、污斑等物发生反应，在原件上恢复字迹。由于此方法是化学物质直接与档案上微量字迹材料起反应，因此，使用化学法处理必须慎重。

（七）清除磁带上的污斑

磁带上如有污斑，可用无毛的软布蘸上四氯化碳、氟利昂等有机溶剂，顺着磁带的运动方向，轻轻擦拭。注意，不能用力过猛，也不能用棉花或普通纸擦拭，以防掉落的绒毛或纸屑粘在磁带上。同时要避免灰尘，选择清洁的环境，掌握合适的温湿度，在通风橱中进行。

第四节　城建档案的利用服务工作

"在新时期下应当重视并切实做好城建档案管理工作，重点加强对城建档案的开发与利用，将其作用、价值充分发挥出来。"① 城建档案来自城乡建设，也服务于城乡建设。城建档案工作的目的，就是要让潜在的、有价值的城建档案信息资源得以开发利用，为城乡建设提供积极有效的服务。因此，城建档案馆（室）必须以广大利用者为服务对象，以丰富的馆（室）藏档案信息资源为手段，按照一定的原则和要求，采取各种有效的形式和方法，提供和开发城建档案信息资源，充分发挥城建档案的社会效益和经济效益，让城建档案工作的价值和城建档案的信息价值得到更好的体现。

一、城建档案利用服务工作的内容与地位

（一）城建档案利用服务工作的内容

城建档案利用服务工作，就是城建档案馆（室）充分利用馆藏城建档案资源，通过一定的方式方法提供城建档案信息为社会服务的一项工作。城建档案利用工作的基本内容，就是介绍和报道馆藏档案的内容和成分，通过各种方式方法，满足社会对城建档案信息的需求。主要有以下三个方面的内容。

第一，构建城建档案数据库，编制城建档案检索工具。在城建档案整理工作的基础上，对城建档案信息数据进行提取、著录，构建多层次的城建档案信息数据库，建立多角度的计算机检索体系，为城建档案利用服务工作创造条件。这项工作做好了，将提高城建档案的利用率和查准率，提高城建档案利用服务工作的效率。

第二，通过各种方式，直接提供利用。城建档案利用服务工作的基本方式是采取多种形式，使城建档案信息，直接与利用者见面，为用户提供服务。

第三，对城建档案信息进行加工，汇编成各种参考资料。这是城建档案利用工作发展到一定阶段的一项工作内容，是城建档案开展利用工作的重要内容。

（二）城建档案利用服务工作的地位

利用服务工作是城建档案工作的根本目的，是城建档案工作为社会服务的直接手段，是兼顾城建档案工作内外关系的一个重要环节，在城建档案工作中占有突出地位。主要表现在两个方面。

第一，利用工作代表整个城建档案工作的成果，直接与社会各界发生城建信息传递、城建档案资料供应和咨询服务关系，集中体现在城建档案工作的方向和作用。它是城建档案工作联系社会的一个窗口。利用工作做得如何，是衡量城建档案馆业务开展的程度、工

---

① 高慧：《新时期下城建档案开发与利用策略分析》，载《城建档案》2021 年第 1 期，第 60—61 页。

作质量的主要标志。

第二，城建档案利用工作体现了社会对城建档案信息利用的需要，也是对整个城建档案工作的检验，对城建档案业务工作开展具有推动作用。

由于城建档案利用服务工作的开展，必然会向城建档案工作其他环节提出相应的要求，因而促进这些工作环节的开展和提高。同时，通过城建档案利用服务工作的实践，可以获得有关城建档案管理的反馈信息，能比较客观地发现城建档案其他环节工作的优劣，有利于扬长补短，不断提高城建档案管理水平。

总之，城建档案利用服务工作是城建档案工作中最富有活力的一个环节，只有搞好城建档案利用服务工作，才能使整个城建档案工作富有生机，才能使城建档案工作在城市化建设中做出自己应有的贡献。

二、城建档案利用服务工作的方式及要求

（一）城建档案利用服务工作的方式

城建档案馆（室）提供城建档案为社会利用服务，是通过各种方式进行的，一般有以下六种。

第一，以城建档案原件提供利用。如城建档案馆（室）在阅览室提供城建档案原件给利用者查阅；在特殊情况下将城建档案原件暂时借出使用，如评审、验收、展览等，但必须经领导批准，并有专人负责，以确保安全。

第二，以城建档案复制件提供利用。如制作各种形式的城建档案原件复本，代替原件在馆内阅览室阅览（如珍贵城建档案）或提供馆外使用；编辑出版城建档案汇编和在报刊上公布城建档案；在城建档案馆网站上提供复制件查阅、下载；举办城建档案展览和陈列等。

第三，提供城建档案证明。就是城建档案馆（室）根据机关、团体或个人的询问和要求，证实有关事实在城建档案内有无记载和如何记载而出具的书面证明材料。

第四，综合城建档案内容编写书面资料提供利用。如：编写各种参考资料，函复查询外调，依据城建档案资料撰写专业文章和著作，向社会提供经加工的城建档案信息。

第五，网上发布城建档案信息。就是将馆藏城建档案信息在互联网上公开发布，网上发布的信息必须是可以公开的城建档案信息。

第六，城建档案咨询。是指城建档案馆（室）针对城建档案用户的电话、网络、书面等咨询问题，分析、研究及时予以答复。以实现帮助、指导其获取所需的档案信息。

（二）城建档案利用服务工作的要求

第一，端正服务态度，牢固树立服务城市建设、服务社会公众的思想。城建档案工作是一项服务性工作。做好城建档案服务工作，首先要树立为城市建设各项事业和广大人民群众服务的思想，端正服务态度。只有树立明确的服务思想，才会有高水平的服务工作，才能主动地、积极地做好利用工作，及时、准确地提供城建档案，满足利用者的需要。

树立正确的服务思想必须坚持"四个服务"，即服务各级领导、服务城市建设、服务社会各界、服务人民群众。城建档案产生于城市建设的各项工作中，因此，为城市建设各项工作服务是城建档案利用工作的首要任务。城建档案是重要的城建信息资源，是领导进行科学决策的依据，因此城建档案利用工作，也应该自觉地面向领导，主动为领导决策服务。城建档案同样还是社会各界、广大人民群众有关权益的法律凭证、依据材料。因此，城建档案利用工作，同样应该很好地为社会各界、广大人民群众做好相关城建档案信息的提供利用工作，切实维护广大人民群众的合法权益。

第二，加强基础工作，调整供求关系。随着城建档案利用需求的增多，利用要求的扩大，利用工作出现了供求之间的矛盾。需求方面，从少量城建档案，发展到全面系统的城建档案信息，到经过加工、提炼的参考资料；而供应方面，由于城建档案工作起步晚，基础工作薄弱，还不能满足越来越多、越来越高的利用需求。因此，必须切实加强基础工作，正确认识基础工作和提供利用工作之间的关系，缓和供求矛盾，不断提高城建档案利用工作的效率和水平。

第三，熟悉馆藏，了解需要，及时、准确地提供服务。熟悉馆藏是开展城建档案利用服务工作的基本功，也是搞好利用工作的重要条件。熟悉馆藏，就是熟悉城建档案馆保存档案的内容、成分、数量、范围及存放的位置、重要程度、价值大小、形成时间、形成单位、归档时间、保管状况和利用率等。

了解利用者的需求，掌握城建档案的利用规律性，就必须了解和掌握城市规划、建设和管理工作的形势和发展方向，了解城市规划、建设、管理工作的程序，掌握城市建设活动的规律。同时，城建档案利用服务工作人员要对利用服务定期进行定量统计，总结利用数量、利用效益，及时研究利用工作的特点和规律。通过日常利用工作，开展利用信息反馈，了解掌握利用者需求。知己知彼，心中有数，才能提供更加优质、高效的服务。

第四，强化服务功能，树立参与意识，向开放型、主动型的利用模式发展。城建档案利用服务工作，不应满足于利用者问答的利用需求，而是要研究总结城建档案利用工作的特点和规律，强化服务功能，树立参与意识，向开放型、主动型的利用工作模式发展。建立开放型、主动型的利用工作模式，它要求城建档案人员积极参与城市建设的有关活动，了解城建动态需求，不断开拓新的服务方式，多层次、全方位、主动、超前地为城市建设各项工作提供切合实际的信息服务。

第五，正确处理利用和保密的关系。对于属于密级的城建档案，在提供利用时必须加以严格区分，注意保密。正确处理提供利用和保密之间的关系，既要积极开发利用，又要合理维护档案信息的安全与保密。严防利用失控而造成失、泄密。

三、城建档案开放利用的有关规定

第一，城建档案馆（室）应设置独立部门和专职人员，配备阅览室和阅览设施，建立健全城建档案利用制度，编制必要的检索工具，为利用者利用档案提供便利。

第二，城建档案馆（室）提供社会利用的档案，应逐步实现以复制件代替原件。复制形式的档案载有档案收藏单位法定代表人签名或者印章标记的，具有与档案原件同等的法律效力。

第三，提供控制利用范围的档案，除查验个人身份证之外，还应查验相关证明材料，并报请领导批准：①建筑物所有权人，利用其取得所有权的建筑物档案，应持有建筑物权属证明；②司法机关、行政机关在法定职责范围内利用城建档案，应出具单位介绍信；③建设单位、科研单位因工程建设、科学研究须利用建设项目及其周边或者沿线建筑物、构筑物、城市基础设施等未开放城建档案的，查阅人应出具单位介绍信和建设项目的审批文件；④国家与地方对提供控制利用范围的档案利用有法律规定的，应服从其规定。

第四，城建档案管理机构对寄存档案的提供利用，应征得档案所有者的同意。

第五，港、澳、台同胞和海外华侨利用已开放的城建档案，应经市有关行政主管部门介绍，说明利用人身份、利用档案的目的和范围；外国组织和个人利用已开放的城建档案，应按照国家有关规定办理。

第六，提供利用档案，应按程序办理。①查验利用者身份证明和其他相关证明文件；②要求利用者填写《城建档案资料查阅登记表》；③检索、调档；④利用者阅览或复制；⑤要求利用者对档案利用效果进行登记或反馈。

第五章　城建特殊载体档案的管理研究 ◀◀◀◀◀◀◀

第一节　城建声像档案的管理

声像技术的发展和应用，为档案工作现代化提供了又一重要条件。在城建档案工作中，广泛应用现代声像技术，拍摄记录城市建设的重要活动，有助于我们更直观地回顾历史，准确地认识和了解城市，为研究城市和建设、管理城市提供服务；同时，也丰富了城建档案馆藏门类，以满足社会对城建档案利用的不同需求服务。声像档案是以照片、底片、影片、磁带、磁盘、光盘、唱片等不同形式的特殊材料为载体，以影像、声音为主，文字说明为辅的一种历史记录，也叫音像档案或视听档案。"声像档案工作要想在城市建设中发挥应有的作用，就必须做好基础的管理和服务。"[①]

城建声像档案是城建档案中不可缺少的重要组成部分，是城建档案的一种特殊载体形式。主要以磁性材料、感光材料为载体，以照片、图像、声音为反映方式，真实记录城市建设活动，并与传统的纸质档案紧密联系，相辅相成、互为补充，构成全方位、多视角的城建档案。城建声像档案按其载体的不同类型可分为照片档案、录像档案和录音档案等。

一、城建的照片档案

（一）照片档案的产生及种类

照片是摄影形成的作品。传统的照片是被摄景物的形态光影通过照相机透镜，投射在涂有感光乳剂的片基上曝光，构成潜影，经过显影、定影等化学处理，使被摄物体的影形以静止的二维空间画面的形式如实地还原在特定载体上，以实现人们对视觉信息的瞬间捕获和持久留存。

照相术是人类社会活动和科学技术进步与发展的结晶。人们在社会实践活动中，希望

---

① 闫实：《浅析城建声像档案管理与服务》，载《城建档案》2021 年第 7 期，第 36-38 页。

不仅用文字来记录历史，同时能够把事物的形象也留存下来。在古代，人们只有采用绘画的方式，但再高明的画家，也难以把物体的原形丝毫不差地记录下来。经过长期的探索研究，1826 年，尼埃普斯（Niepce）终于成功地拍摄了世界上第一张照片。之后，尼埃普斯与达盖尔合作，并由达盖尔在实用性上做了很大改进，于 1839 年正式公布了"达盖尔摄影术"（俗称"银版摄影术"）。摄影术的发明是现代科技的产物，它的诞生揭开了人类观察世界和记录世界的全新模式，从而为人类史的记录提供了无可匹敌的视觉范本。当前，摄影术已广泛应用于现代社会生活的各个领域，并成为人类社会活动不可缺少的重要组成部分。

伴随着电子技术和计算机技术的发展，集光学、电学、机械技术于一体的不用胶片的数码相机问世后，更得到社会的普遍青睐。由于数码相机拍摄后可以直接生成数码照片，不需要经过专门的暗房处理，就可以轻而易举地把数据传输给计算机，直接在显示屏上观看或进行图像处理，利用网络还可以实现即时的远程传送，输出、储存、拷贝都十分简单，照片的形成极为便利，因此，具有很大的发展潜力。随着现代科技水平的不断发展与提高，如今的数码照片几乎可以同传统的胶片照片相媲美。

照相技术的发展与普及使照片形成的种类越来越多，可以从不同角度进行划分。

第一，从照片的体裁分：新闻照片；艺术照片；科技照片。

第二，从照片的内容和拍摄对象的性质分：事件照片；景物照片；人物照片。

第三，从照片的形成形式分：原版照片；翻版照片。

第四，从照片的感光材料分：黑白照片；彩色照片。

第五，从照片的成像原理与载体分：胶片照片；数码照片。

第六，从记录影像的时间分：历史照片；现代照片。

（二）城建照片档案的构成与特点

随着社会的不断发展和现代科技的日益进步，人们对城市建设活动的记录已从单一的文字型发展为照片、录像、录音等多种载体方式。城建照片档案是城市规划、建设、管理以及城市建设科学研究等活动中形成的具有保存价值的历史记录，是城建档案的重要组成部分。城建照片不仅使城建档案的内容得到充实和延伸，而且为我们进一步搞好城市的规划建设提供了最直观的珍贵材料。

城建照片档案主要由原底片（数码照片为原始影像文件）、照片以及揭示照片内容的文字说明等三部分构成。

城建照片档案具有以下特点。

第一，客观真实。摄影具有忠实的纪实功能，它以客观真实的记录为特征，如实见证历史发展的不同场景。照片对于照片的形成者以及它所记录和描述的对象具有一定的客观性，在反映客观过程方面它具有真实可信的特点。照片的价值首先取决于照片的客观性，没有客观性也就没有真实可言。城建照片档案所反映的是城市建设的客观事实，是对城建活动中真人真事和具体事物的真实写照。由于照片对内容的表现完全依赖于客观实体，而不加人为的想象成分，因此，照片一经形成，就摆脱人们的主观意志和控制，具有其独立、鲜明的真实性。

第二，直观形象。照片档案与一般的文字档案最大的区别在于它是通过二维的静态形象来记录和反映客观事物，使利用者直接从事物的形象上获得感受，因此有助于对信息进行理解和接受。有些事件用文字描述也许连篇累牍也很难讲清楚，而且受文化和理解的不同，可能产生信息记载上的偏差。然而，通过一张照片便可一目了然地说明一切问题。所以，照片档案的这种直观形象性是一般文字档案所无可替代的。

第三，表达生动。照片尽管是对人、事、物及场景的瞬间记录，但是，照片的形成者往往是通过对现场的敏锐观察，有选择性地把握时机，在最能表达主题、最生动和最具典型性、代表性的瞬间按动快门，定格画面。因此，照片的这种瞬间记录的景象不仅能把人物的表情状态体现出来，而且还能将现场的环境氛围如实反映出来，给人最直接、亲切、活灵活现的生动感受，照片档案的生动性也是文字档案无法比拟的。

第四，信息丰富。由于当今照相镜头的分辨率都比较高，任何被摄物体只要在其正常的焦距范围之内，无论宏观世界还是微观世界，都可以在照片上留下十分清晰的影像，哪怕是微小的细节，都能纤毫毕露，让我们一览无遗。所以，照片档案所承载的信息是具体、细致而丰富的。

第五，形式多样。照片的形成没有统一的规范，即便对同一题材内容的处理，也会因形成者思想意识、审美情趣、业务技能、器材装备、环境条件、目的用途等情况的不同，而采取不同的表现手法，形成各不相似的照片。有一事一张的，有一事多张的；有单角度的，有多角度的；有大场面的，也有局部特写的；有黑白的，有彩色的；有正片的，有负片的；有胶片的，有数码的。这就决定了照片档案形式的多样性。

第六，交流广泛。照片档案具有客观真实、形象直观的特点，使得它在一定场合比文字档案更具有说服力而吸引读者的注意力。同一张照片，往往能够从不同的角度、不同场合得以反复地利用。尤其是近年来社会经济、文化的发展，对照片档案信息的需求量也越来越大。所以，照片档案这种广泛交流的特点，使它具有比一般档案更大的通用价值。

第七，传播方便。照片档案应用数字技术，可以利用当今高度发达的网络，进行不受时空限制的传送，大大便利了利用者对照片档案的需求。同时，还可以通过互联网向外界传播当地的历史文化、地理环境、旅游资源、城市建设风貌等，起到扩大城市影响的宣传作用。

第八，形成便捷。照相的普及为照片档案的形成提供了更大的便利。过去由于受到多种条件的限制，照相机几乎是生活中的奢侈品。因此，照片档案的形成有一定的局限性。如今，社会经济的发展和生活水平的提高，使照相变得越来越普通、简单。尤其是近年来数码相机的普及，相机自动化程度的不断提高，照相操作更加便捷化、大众化，从而也为照片档案的形成、积累提供了更多的可能和便利。

（三）城建照片的拍摄

城建题材的照片内容面广量大，而摄制照片的表现手法也多种多样，但是，作为城建档案保存的照片，应该以写实的手法如实表现客体，以忠于事实为前提，而不能凭自己主观的想象和喜好，任意创造发挥或加工处理。因此，要制作高质量的存档照片，拍摄是关键。

1. 城建存档照片的拍摄原则

（1）主题鲜明，重点突出，情节完整，有始有末。

（2）曝光准确，反差适中，影像清晰，层次丰富。

（3）常规透视，控制变形，构图严谨，取舍合理。

（4）尊重客体，不加修饰，自然摄取，还原真实。

（5）技艺结合，表现得体，不求量多，讲究质好。

由于摄影是一门专业性、技术性较强的工作，为了提高城建存档照片的摄制质量，除了有赖于声像档案工作者对摄影器材的熟悉和了解外，还需要参看一些相关的摄影书籍，来帮助自己进一步掌握和提高摄影方面的技能。

2. 城建照片档案数码文件的技术要求

（1）数码照片档案的图片格式一般采用 JPEG、TIFF 格式。对图片质量要求较高的应该尽量使用 RAW 原始图像存储格式。JPEG 格式的文件大小一般应大于 1M，TIFF 或 RAW 格式的文件大小应大于 10M。

（2）为了保证照片档案的成像质量，数码照片的像素指标不能太低，一般应当使用 500 万像素以上的数码照相机的最高解像度进行拍摄。

（3）照片扫描分辨率的设置，应根据照片原图尺寸大小、画面质量、重要程度以及数字化目的等实际情况合理选择。因为，扫描分辨率的设置不仅与原稿和输出要求有关，而且直接影响其输出效果。扫描分辨率设置过低，输出的图片精度就不理想；设置过高不但没有实际价值，而且浪费扫描处理时间，并且产生的文件过大，无谓地占用磁盘存储空间。因此，选择合适的分辨率应根据照片的原图尺寸、最终输出方式以及输出幅面综合考虑来决定。由于照片的数字化要考虑到其通用性的要求，因此，对于扫描常规的 3×5 寸照片来说，一般至少采用 300~500dpi 进行扫描。对于照片输出幅面较大，图片比较珍贵重要，或者需要制成印刷品的，应该设置更高的分辨率进行扫描。

（4）归档的数码照片应是原始版，不能进行技术修改。

（5）数码照片的像素直接决定了照片幅面的大小，因此，为了获取高质量的存档照片，必须有足够的像素才能制作成相应尺寸的照片。

（四）城建照片档案的管理

科学地管理好城建照片档案，是城建档案馆（室）档案管理工作的主要任务之一。城建照片档案的管理不仅要遵循一般档案管理的基本原则和方法，同时，还要结合照片档案自身的特点和规律进行科学管理。城建照片档案的管理内容有以下四方面（图 5-1）。

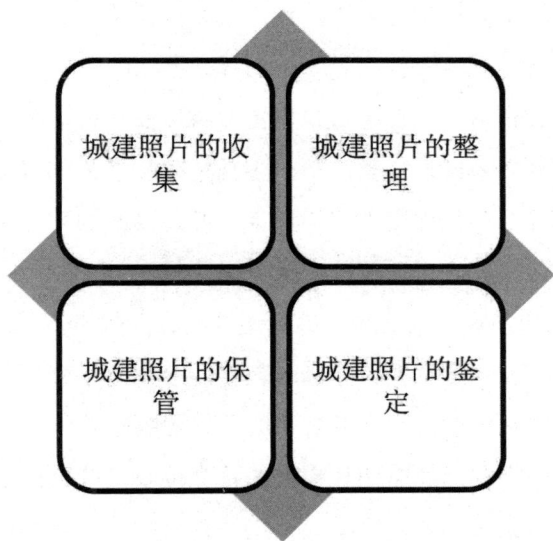

图 5-1　城建照片的管理

1. 城建照片的收集

城建照片档案的来源比较广泛，主要为规划设计部门、建设单位、施工单位、质量监督和安检部门、新闻媒体、城建档案馆（室）以及摄影爱好者等。随着时代的发展，摄影技术被广泛地采用，照片档案形成的渠道也在不断增多，档案的数量也越来越多。做好城建照片档案的收集，是管理好城建照片档案的前提。

（1）城建照片档案的归档。照片档案是以形象记录为主、文字说明为辅的特殊载体档案。根据《照片档案管理规范》并结合城建专业角度和照片的功能特点考虑，城建照片档案的归档范围大致如下：

第一，从城乡建设总体角度，反映城乡自然空间特征、地理概貌、自然风光及建成区面貌等场景的照片。

第二，反映城乡布局特征的特色景貌、人居环境等照片。

第三，反映具有地方特色和历史文化价值、建筑艺术价值较高的街区、建（构）筑物及名人故居等照片。

第四，城市的标志性建筑及较大规模的公共建筑、市政公用设施等重点工程照片。

第五，不同历史年代的建筑特征和局部细节照片。

第六，有关城乡规划、建设、管理的重大活动、重要过程、重要成果、重要人物的照片。

第七，城乡发生的重大事件、重大事故、重大自然灾害及其他异常情况和现象的照片。

第八，有关城乡建设、保护、改造等历史演变的重要过程照片。

第九，有关建设工程重要施工环节、过程、重要部位情况及新技术、新工艺、新材料应用成果的照片。

第十，其他具有保存价值的能反映城市历史原貌以及相关情况的照片。

归档传统的胶片照片要系统、完整。每个主题的照片档案都必须包括原底片、照片和文字说明材料。数码照片的归档原则上应为原件，经过修改的数码照片不能归档。数码照片档案一般包括原始影像文件、纸质照片和文字说明材料。

（2）城建照片档案的接收。城建照片档案的接收，一般是指城建档案馆在接收档案移交单位在向城建档案馆移交城建档案时，同时包含的与其所移交档案内容相关的声像档案材料。凡是在城建活动中形成的具有保存价值的照片等特殊载体档案，均应该等同于传统载体档案接收进馆。不应轻视、忽略照片档案的移交接收。按照国家规定，档案室接收各业务部门归档的照片；档案馆接收档案室向档案馆移交的具有永久或长期保存价值的照片档案。

接收照片档案应该符合有关标准的要求。首先，要注意照片内容的真实性和一致性，切忌弄虚作假。数码照片应该保持"原始影像"文件，不宜用Photoshop等软件进行加工处理，以免影响原作的真实性。其次，要注意照片的技术指标、信息含量和载体情况，仔细检查照（底）片状况，对有问题或存在疑点的照片不能随便接收保存，应该妥善处理。对极其珍贵的照（底）片，尽管存在一定缺陷，也要接收保存，更不要随意处理。最后，接收照片档案必须将照片、原底片（数码原始影像文件）、文字说明同时接收，并完全对应一致。接收照片档案时，往往会把注意力放在照（底）片上，而忽略文字说明材料。如果照片没有文字说明，不仅降低了照片的使用价值，而且会影响到对照片的利用。文字说明材料应当包括照片题名、事由、时间、地点、人物、背景以及摄影者等。综合运用以上要素，概括揭示照片影像所反映的全部信息。一组（若干张）联系密切的照片按顺序排列后，可拟写组照总说明。采用组照说明的照片，其单张照片的说明可以从简。在检查照片档案时，还应检查文字说明的撰写情况，文句是否简练，是否准确揭示了每张照片的内容。标题和文字说明必须准确无误，不宜过长，总说明一般不超过 300 字，单张照片的说明一般控制在 100 字以内。

（3）城建照片档案的征集。由于城建照片的来源比较广泛，移交接收只能收集到部分照片，还有大量城建照片分散在社会其他部门单位或个人手中。因此，城建档案部门应该建立健全相关的制度，采取积极有效的措施，主动向新闻单位、博物馆、图书馆、展览馆等有关方面征集。首先，要与这些单位广泛交流，互通情况，让其了解征集城建照片档案的重要意义，将具有保存价值的城建历史照片征集进馆。其次，还要向社会团体、广大摄影爱好者征集。摄影的普及会形成更多的照片，其中有相当一部分优秀的城建照片确实富有收藏价值，但是，这些照片往往分散于大部分摄影爱好者手中，因此，城建档案馆在保护好其作品版权的前提下，向关注城市建设，热衷于把镜头对准城市发展变迁的摄影爱好者征集，会取得事半功倍的效果。

（4）城建照片档案的收购。随着近年来流行的老照片收藏热，社会上也流露出一些比较罕见的城市老照片，有的颇具历史收藏价值。档案部门应该关注如古玩市场等这方面的信息，对确实值得收藏的珍贵照片，应该及时收购进馆。由于老照片本身较为稀少，市场价格也不菲，因此，造假之风也随之而来，有的将好的印刷品或原照片和旧照底片进行翻拍后做旧；用彩色胶卷翻拍老照片原作经洗印后做旧等，伪造手法多样。因此，对这些老照片一定要仔细鉴定，谨防伪品。

（5）城建档案馆自主组织拍摄及翻拍补充。城建档案馆可以利用自身的专业技术优势，主动参与城建活动，了解城建动态，掌握城建信息，有计划、有目的地跟踪拍摄、收集比较重要的城建活动照片，也是丰富馆藏的重要途径。对于重要活动或较大场面的活动，在自身力量无法完成的情况下，还可以调动社会力量，组织专门摄影人员一同参与拍摄。城建档案馆应该明确提出要求，合理分工，多点分布，多角度、多机位拍摄，这样，有利于防止重要照片的漏拍、错拍，以便能收集到更多更好的城建照片档案。城建档案馆还可以从画报、画册、书籍、报刊甚至网络，翻拍或下载一些有价值的城建照片，虽然不是原始照片档案，但在近乎没有或难以得到原始照片的情况下，这些照片以其具有形象记录城市发展历程的档案价值，而被作为档案照片，得以保存，不仅可以丰富馆藏照片档案门类，弥补历史照片的不足，同时也方便了城建照片档案的利用。

2. 城建照片的整理

城建照片档案的整理可以按照《照片档案管理规范》等相关要求，并遵循有利于保持照片档案的有机联系、有利于保管、有利于提供利用的原则，按照一定的方法，把收集来的零散的不系统的照片进行科学的分类、编目。

（1）胶片照片档案的分类与编目。分类是整理工作的重要环节。对于传统的胶片照片档案的分类，可以分为胶片与照片两大部分，并分开存放。

第一，底片的分类。按底片的尺寸并结合底片产生的年代进行分类，是比较常用的分类方式。并在每一大类内再根据照片产生的时间分类。按尺寸分类，对保管底片比较方便，可以制作统一的装具存放。因此，在底片规格多、数量多的情况下比较适用。

按底片的种类分类：把原底片、翻拍底片、反转片分开；把黑白底片与彩色底片分开。这种方法对保护原底片和复制、使用都比较方便。

城建照片档案是在城市建设各项业务活动中产生的，其反映的内容与其他载体的城建档案大致相同，因此，也可以参照城建档案分类大纲进行分类。总的来说，分类方法的选择应该结合具体情况决定。但无论采用哪种方法，一定要考虑对底片的保护和实际工作有利，所以，一般来说，底片分类不宜太多、太细。

第二，底片的编目。分类后的底片应按类把每类底片编号登入目录簿中。一张底片或一组密不可分的底片为一个保管单位，编一个底片号。如果是一组底片，在底片的顺序号后面还要加一个分号。

登记底片的目录应设有底片号、简要内容、拍摄时间、拍摄地点、拍摄者、底片数量、技术状况、底片来源、收到日期、备注等栏目。其中，底片号是诸多项目中最重要的一项。它编写在乳剂面的片边处，不得影响画面。底片号的登记顺序应与照片号的登记顺序保持一致。底片要放入专门的底片袋内保管，并在底片袋右上角标明底片号。对翻拍底片，应在底片袋的左上方标明"F"字样。对拷贝底片，应该在底片袋的左上方标明"K"字样，以方便对不同性质底片的区别与识别。

第三，照片的分类与登记。照片的分类应该根据照片档案的实际数量，按年度、内容或专题进行分类。分类后的照片应该分别装入专门相册。在分类过程中，有的照片可以从不同角度分类；为了便于今后的查找利用，应该在有关类别中加入参见指引信息。相册应该按分类方案排放，同一册内的照片按时间顺序排列并和内目录的条目保持一致。照片应该用固定方式粘贴在相册的卡片纸上。分类卡片线式样，完全可以满足不同横竖照法的连贯组合。每张照片都必须附上包括照片内容（标题）、拍摄时间、地点、作者等在内的简要文字说明，并注明参见号和其所对应的底片号。如果采用照片、底片合一编号法的，可以不填写底片号。

（2）数码照片档案的整理。随着计算机技术与数码相机的发展和普及，近年来，数码照片几乎替代了传统的胶片照片，并成为各单位形成照片档案的主角。由于数码照片不存在照相底片，因此，在整理方法上也有所不同。

第一，数码照片档案一般按其形成年度分类。如果形成数码照片数量比较多的单位也可以按年度–专题进行分类。

第二，数码照片号为年度+流水号。数码照片号就是在文件夹内的每一自然张照片，按其排列顺序形成的编号。年度和流水号可以各用四位阿拉伯数字表示，不足四位的在前补"0"。

第三，数码照片文件按时间先后排序，一组联系密切的数码照片应该排列在一起。

第四，数码照片文件应同时洗印成 5 至 7 英寸的纸质照片后，分类装册入集。并在文字说明栏中标注其原始文件的所在位置。

第五，原始影像文件应按年度或专题刻录成光盘。光盘中应包含文件夹目录、文件夹内照片目录以及光盘说明文件。说明文件应包括照片内容、数量、来源、摄影者、版权权限、保存等级、责任人等内容。

（3）照片档案的著录。照片档案的著录项目包括照（底）片号、题名、时间、作者、备注、参见号、册号、页号、组内张数、分类号、项目号、主题词或关键词、密级、保管期限、类型规格、档案馆代号、文字说明等。

城建照片档案的著录是以照片的自然张或若干张（一组）为单位著录成为照片档案目录的条目。以一组照片为单位著录时，题名应根据题名拟写要素，简明概括、准确反映一组照片的基本内容。并且照片号、底片号、页号均应著录起止号；时间应著录起止时间；参见号、摄影者可以著录多个。

3. 城建照片的保管

（1）底片的保护。底片是照片档案的重要组成部分，是照片档案的母本，没有质量好的底片就印不出质量好的照片。由于底片上的感光层是由化学成分组成，感光层的药膜比较娇嫩，稳定性差，易受外部条件影响而发生变化，如发霉、泛黄、污染、磨损、划伤、褪色、溶化等情况，因此，底片的保管条件相对比较苛刻。只有将母本底片保存好，才可能复制出一代又一代清晰的照片供后人利用。所以，科学地保管好底片对搞好照片档案工作十分重要。

底片库房应该建立严格的规章制度，工作人员必须有高度的责任感，耐心细致地做好各项管理工作。底片的娇贵使得对底片库房的温湿度要求相对比较高，因此，在条件许可的情况下，尽可能给底片库房提供一个符合规定要求的温湿度环境，这点对底片的保护、使用寿命的延长都至关重要。

底片入库前应仔细检查。对有问题的底片应进行必要的技术处理后方能入库，并定期抽样检查。若发现问题，应查明原因，及时采取补救措施。底片极易污损划伤，拿取底片要戴上洁净的棉质薄手套，手指只能轻捏底片的两侧边缘，不要接触到有影像的部位。为防止底片相互粘连，底片与底片、底片与照片不能相互重叠，应单独装袋，垂立存放。底片的存放环境要有良好的遮光防尘措施。底片应安放在可以关闭的装具中保存，避免与可能产生挥发性有害气体的东西存放在一起。

另外，保护底片还可以采用底片扫描的方式，将底片的影像信息转换成数码影像文件，既有利于对原底片的保护，方便了管理和利用。尤其是底片经扫描后，在一定程度上也降低了原底片的保存风险，避免因不可抗拒的自然褪色使原底片质量每况愈下，最终影响利用效果。因此，底片扫描对老底片的抢救性保护也是一种简便易行的做法，也是胶片数字化的必经之路。档案部门可以根据馆藏底片的实际情况，制订计划，按缓急轻重，逐步对馆藏底片进行扫描。

底片扫描的方法大致有扩印机扫描、电分扫描和扫描仪扫描三种。扩印机扫描主要是利用数码彩扩店的数码扩印机对底片进行扫描。由于彩扩机扫描仪的光学分辨率不够高，其扫描出的图像文件不能满足摄影作品的放大或用于高品质的印刷，因此只能满足一般要求使用。电分扫描主要用于印刷行业，它是采用光电倍增管技术实现光电信号的转换。所谓"电分"就是将图像颜色分解成 C、M、Y、K 四色，这种四分色称为印刷色彩模式，由于电分扫描是逐点扫描，因此对图像无论是高光还是暗调部位的细节都具有较好的响应，扫描精度很高。但是电分扫描设备体积较大，价格昂贵，只有印刷厂及少数专业图片社才拥有，而且，底片需要浸油才能进行滚筒扫描，也不利于底片的保存。扫描仪扫描比较常见，扫描仪一般有两种，一种为纯粹的底片扫描仪，一种为既可扫描底片，又可扫描照片的平板透射式扫描仪，这种扫描仪是采用光电耦合器技术（CCD）实现光电信号的转换。底片扫描仪的动态范围优于平板透射式扫描仪，但是能扫描大尺寸底片的机器价格昂贵。随着矩阵 CCD 及双镜头扫描技术的出现，目前，平板透射式扫描仪已经具备极高的光学分辨率和更大的光学密度值，其最大优点是底片、照片都可以扫描，性价比好，使用很方便。

（2）胶片照片档案的保存。照片档案的保管与底片的保管大致相同。虽然照片没有底片那么娇贵，但是也必须按照相关的要求精心管理。一般来说，在相同的环境条件下，照片的保存寿命要比底片的保存寿命长，所以，对一些珍贵照片，尤其是没有底片的老照片，应该为其提供良好的环境，最大限度地延长其寿命。在利用时，可以提供翻拍片或扫描件，尽量避免直接使用照片原件。实践证明，只要原照片的尺寸不是太小，而且保存完好的，无论是黑白照片还是彩色照片，经翻拍或扫描后，一般都能在技术上满足各种使用的需要。因此，对于重要的珍贵照片，应该采用较好的材料和制作工艺，精心放制成较大尺寸的照片，再经翻拍或扫描后，采用双套制异地存放，这样，不但能保证照片的质量，同时，也有利于珍贵照片的长期安全保存。

（3）数码照片档案的储存与保管。储存数码照片档案应该采用只读式光盘为存储载体。软磁盘不宜作为长期存储数码照片的载体。为保证光盘刻录的质量，并确保光盘及其数码照片信息能长期保存下去，应该选用品牌较好的刻录光盘，如柯达、惠普、明基等，并使用带有"校验"功能的刻录软件进行光盘刻录，这些软件能自动检查光盘上的资料是否正确。光盘应该保持清洁，触摸光盘时应带洁净的无纺棉质手套，不要用裸手触及光盘的反射面。存有数码照片档案的光盘应放在坚硬的专用塑料盒内竖立存放，不能挤压、弯折或堆叠存放。如果光盘有污渍，应及时用清水和中性清洁剂清洗。清洗时用照相机擦镜纸从中心向边缘轻轻擦拭，不能沿圆形轨边擦拭。光盘存放环境要远离强磁场并防止有害气体与紫外线。为防霉菌的滋生，温湿度应分别控制在 14~24℃ 和 45%~60% 之间。

目前，对数字信息资源长期保存的方法是多重备份和适时迁移。适时迁移是根据软件、硬件的发展将数字资源迁移到不同的软件或硬件环境下，以保证数字资源能在发展的环境中被识别、使用和检索。根据迁移条件的不同，迁移可以分为硬件迁移、软件迁移、载体迁移、格式迁移、版本迁移等。在数码照片档案管理中应根据不同情况，采取不同措施，确保数码照片档案保存的安全。存有数码照片档案的光盘应定期进行抽样机读检验，发现问题应及时采取措施。在正常情况下，存有数码照片档案的光盘一般每隔五年转存一次，原盘同时保留时间也不少于五年，从而确保数码照片档案信息的长期安全保存。对于定期进行数码照片数据转存和当保存数码照片的系统软硬件环境发生变化、存储载体发生变化迁移时，都应该及时做好相应记录，以做备考留存。

4. 城建照片的鉴定

档案鉴定工作是指鉴别和判定档案的价值，挑选有保存价值的档案妥善保管，剔除无须保存档案予以处理。

城建照片档案鉴定工作是一项十分重要而复杂的工作。它决定着照片的留与去、存与毁的命运问题，因此，必须慎重对待，不得轻易处理。做好城建照片档案的鉴定工作的目的，是为了更好地保存对国家和社会具有历史价值的文化财富。照片档案的鉴定通常包括传统式鉴定和计算机鉴定。

（1）传统式鉴定。

第一，直接鉴定法。直接鉴定法是指鉴定人员通过直接对被鉴定的照片档案进行具体的审视、分析和判断。其要点是对照片档案的实体内容和外部特征等进行直接、仔细的评判。这是最常用、最基本的鉴定方法。具有广泛的实用性。

对照片档案进行直接鉴定要注意两点：一看内容，是否具有保存价值；二看载体，质材是否完好。对于照片或底片的载体情况来看，片子是否有划伤现象，是否有明显的指纹和污渍。同时，还要看照片的一些技术指标，如清晰度、色彩等方面情况。当然，对于照片的内容还是最主要的。如照片的真实性、历史性、研究性、参考性等方面是否具有收藏保存的意义。所以，鉴定人员应该了解和掌握作者的表达意图，拍摄目的，并用全面的观点、历史的观点、发展的观点对具体事物进行具体分析，在充分认识照片内容的基础上，判断、评估照片的价值所在。由于档案的价值不在于它的载体，而在于这个载体所承载的内容。因此，对于比较珍贵、稀罕的城建照片，即使无法满足载体要求，也应该积极收藏并加以妥善保管。另外，有些照片档案虽然一直未曾被利用，但是，不能说它没有保存价值而给予剔除。无论怎样，凡是已经归档保存的照片和原底片，一般不得随意抽出，任何个人都没有权力剔除或销毁任何一张作为档案保存的城建照片。

第二，比较鉴定法。比较鉴定法也是照片鉴定中常用的一种鉴定方法。其特点就是具有较强的直观性和抉择性。尤其对内容相同，外形相似，特征差异不明显，又没有很明确或操作性不很强的鉴定标准可对照时，用此法直接进行比照不失为一种简便有效的方法。在城建照片归档中，经常会遇到同一题材、同一画面的照片的多张重复问题，有的几乎是完全相同。这就需要我们对其进行认真比对，把内容最具代表性，画面质量最好，光线运用、角度选择、色彩掌握最佳的照片保留下来。

随着社会的发展，照片档案的数量也将越来越多，所以，我们要正确认识和妥善处理数量和价值的关系，剔除一些内容重复、摄影水平不高、影像质量不好的没有实际保存价值的照片，也有一定的必要。但是，照片档案的数量只是考虑的因素之一，确定照片档案去留的根据主要还是看照片档案本身的内容价值。

（2）计算机鉴定。计算机鉴定主要是专门针对数码照片和照片扫描件等，以电子文件形式出现的特殊载体档案。它是通过计算机或借助一定的软件对数码影像文件进行鉴定的方法。

随着数码照相机的广泛应用和计算机技术的快速发展，数码照片档案数量也越来越多。但是，数码影像文件的易修改性也使得在传统暗房中难于做到的特殊影像效果变得易如反掌。特别是画面影像做过造假处理的照片档案，将严重影响了档案的信息价值，因此，档案部门对归档数码照片影像真伪的鉴定工作显得尤为重要。从目前情况来看，查看归档数码照片的 Exif "元数据"，对比其中的相机拍摄时间和图像原始时间是否完全相同来初步判定原影像是否已做编辑处理。这种方法也曾在前几年被作为最直接、有效的鉴定归档数码照片真伪的方法之一。

数码照片的 Exif "元数据" 是一种影像文件格式。Exif 信息包含了非常详细的拍摄参数，包括摄影时的光圈、快门速度、ISO 值、日期时间等技术参数，以及相机品牌型号、色彩编码、全球定位系统（GPS）等信息。现在的数码相机基本都支持 Exif 信息功能，一般通过软件即可在电脑上读取数码照片的 Exif 信息。读取 Exif 信息的软件大致分为三类：一是数码相机生产厂商随机附赠的 Exif 信息查看软件；二是具有查看 Exif 信息功能的通用影像浏览软件；三是其他专门查阅或修改 Exif 信息的另类软件。通过原拍摄相机自带的软件来查看一般比较完整、全面。如果数码照片影像被做过后期编辑处理，一般都有记录，包括修改时使用的软件名称及版本、具体修改日期和时间等。比如用 ACDSee6.0 查看一张原始数码照片的 Exif "元数据" 时，在 "相机" 一栏下面会显示相机制作厂家、型号以及拍摄日期、时间三项具体内容，其中 "型号" 下面 "软件" 一行具体显示的是该相机的版本；在 "图像" 一栏下面显示着图像形成的具体原始日期、时间和数字化日期、时间等多项内容，而且 "相机" 一栏下的拍摄日期、时间与 "图像" 一栏下面的图像具体原始日期、时间以及数字化日期和时间完全相同。如果用 ACDSee6.0 查看一张做过修改的数码照片的 Exif "元数据" 时，在 "相机" 一栏下面的日期、时间会晚于 "图像" 一栏下面的原始日期、时间和数字化日期、时间，并且 "相机" 栏 "型号" 下面的 "软件" 一行显示着修改该数码照片时使用的软件名称及版本。因此，通过查看这些数码照片的 Exif "元数据" 信息，有些数码照片档案是可以初步判定是否做过影像后期处理。

查看数码照片 Exif "元数据" 的几种常用方法。

第一，在 Windows 下数码照片文件夹窗口中直接查看。Windows 系统对数码照片具有非常好的支持性，我们不仅可以通过其自带的 "Windows 图片和传真查看器" 浏览数码照片，还可以在它的文件夹窗口中直接查看一批数码照片的部分 Exif 信息。具体操作方法：先打开装有数码照片的文件夹，在 "查看" 菜单中选择 "详细信息"，然后分别用鼠标右键点击 "详细信息" 和 "选择详细信息" 的选项，再点选与数码照片相关的项目，如 "相片拍照日期" "修改日期" 和 "摄影机型号" 等。如果要查看单张数码照片完整的 Exif 信息，可以这样操作：右键点击该照片文件选择 "属性"，从弹出的照片属性对话框中切换到 "摘要" 选项卡，点击 "高级" 按钮，便可以查看到该照片较为详细的 Exif 信息了。

第二，利用专业软件查看完整的 Exif 信息。一般情况下，凡是支持 JPEG 格式的图像工具软件如 Photoshop、ACDSee 和一些专用的 Exif 信息读取软件，都能浏览数码照片 Exif 信息。

在 Photoshop 中查看。用 PhotoshopCS3 处理照片时可以查看 Exif 信息。先打开数码照片，通过 "文件—文件简介" 选项中的 "Exif" 查看，有图像说明（比如相机机型、拍摄时间、曝光数据等）、用户注释（比如 Exif 色彩空间等），相关声音文件（比如文件源、场景类型、Exif 标记等）等 30 多项内容。

在 ACDSee 中查看。用 ACDSee9 时，在浏览照片的同时，可以显示其 Exif 信息。先打开一张数码照片，点击菜单栏"视图—属性"，界面的右侧会列出属性控制窗口，按其下方的"Exlf"标签项，则窗口变为"属性—EXIF"，即可看到非常详细的 Exif 信息。也可以使用快捷键"Alt+Enter"，直接打开"属性—EXIF"栏查看。

使用专用的 Exif 工具软件查看。如：OpandalExif 等工具软件，不仅可以查看 Exif 信息，而且可以查看主流数码相机厂商的特殊注释标记，甚至还可以查看到相机的实际快门释放次数。它还支持 GPS 卫星地图定位，只要在右键菜单中选择"定位查看 GPS 卫星地图"，就可以通过网络与 Google Maps 服务相结合，了解拍摄点周围的地理环境、人文景观，并可切换到常规地图模式，更详尽地查阅当地的街道、交通、建筑、气候、风景名胜等其他相关资讯。

从数码照片档案管理的角度看，由于归档数码照片鉴定工作的特殊性，目前的一些软件还不能完全满足于鉴定归档数码照片真伪的需要，因此在查看归档数码照片 EXIF "元数据"的基础上，还要结合其他的有效鉴定方法，深入分析归档数码照片的影像画面，才能对归档数码照片的真伪做出更全面、有效的判定。

首先，要查看归档数码照片画面是否有拼接、合成等技术处理痕迹。计算机技术再高，拼接、合成照片再逼真，其破绽和漏洞再难发现，也总有一定表现，不可能绝对完美。通过放大照片画面影像，查看影像边缘等部位，寻找是否有合成痕迹，应该是鉴定照片真伪的很有效办法。因此，要仔细分析、察看照片画面影像显示的不同细节，通过对影像细部特征的分析，发现作假照片的蛛丝马迹。

其次，要分析画面组成是否合乎常理。添加、替代、修改、挖补等技术处理是造假者常用的手法。

最后，要辨别影像细部元素有无异常。实践证明，通过仔细察看照片影像的细部特征，特别是那些完美无缺的照片画面影像的细节有无异常，也是鉴定照片真伪十分有效的一个方法。例如，人物影像边缘清晰度是否过分清晰或模糊不清；画面影像色块或"马赛克"放大倍率、比例是否正常、分布是否均匀、自然、协调；光照方向和物体阴影是否一致；照片的视觉透视感是否符合常规；是否符合镜头近大远小的成像规律和前后景深大小规律；画面景物是否有异常变化；文字等特殊标识与周围环境是否正常；人物主体与背景在拍摄角度上是否符合常理；影像是否呈现有规律的重复；影像色彩、色温、清晰度的变化是否协调一致；等等。

（3）成立专门的鉴定组织。无论城建档案馆还是档案室，都担负着各种档案的鉴定任务，为了更好地做好档案鉴定工作，尤其是对声像之类的特殊载体档案，应该成立由有关部门和专家共同参与的鉴定工作委员会。对鉴定剔出准备销毁的城建照片档案，应该编制清单，附上小样，报经有关领导审批。

（五）城建照片档案的利用

照片档案形象生动、真实直观等感性特点，决定了它在利用功能上具有非一般档案的特殊作用。

1. 城建照片档案利用用途

（1）为编史修志和城市研究提供最直接的形象材料。城建照片档案客观真实地记录了城市发展变迁的足迹，见证了城市不同时期的风貌特征，给人们留下了难以忘怀的生动场景。因此，它能为人们研究城市的历史发展提供最直观的凭证。在城市编史修志和历史研究中，珍贵城建照片档案具有很高的史料价值，它不仅是文字的补充材料，更是一种重要的佐证材料。

（2）为继承城市的传统特色和提高城市建设水平提供参考材料。城市是人类文明度产生的重要因素，任何城市都是社会文明进步的结晶。在历史发展中逐步形成具有个性的传统风格。无论现代科学技术怎样发展，没有个性特色的城市，不是人们生活的理想城市。保持传统特色，追求城市品位，是提高城市建设水平，改善人居环境的重要标志。人们在继承城市的传统特色时，城建照片档案往往能提供我们诸多可借鉴的重要信息。例如，对一些历史古建筑的恢复和修缮，很多是依据照片档案来进行的。

（3）编制画册、举办展览，为城市宣传服务。城建档案馆根据社会的实际需要，将收藏的城建照片及时编辑出版成综合性、专题性画册，形象地集中展示城乡建设的发展变化，是一项富有现实意义的编研工作。同时，也使城建档案部门的服务方式由被动变为主动，积极、有效、有计划、有目的地为社会提供服务。精美的画册不仅可看性强，宣传效果好，而且还具有很好的史料价值。照片印制成画册后，由于影像的载体转移，使得照片原影像信息能更持久地留存下去。因此，既有现实意义，又有长远意义。另外，还可以利用照片档案举办城市建设成就展览，通过新旧照片的鲜明对比，反映城市建设发展的历史变化。让城建照片档案的价值在城市宣传中得到更好的体现。

2. 利用数码照片档案要注意的问题

利用数码照片档案时，不得将数码影像文件的封存载体外借。只能按选定的照片以拷贝或网上传输的形式提供给利用者，并进行备案登记。利用者不得超出权限规定范围，不得私自复制、修改或转送他人。利用具有保密要求的城建照片档案时，应当遵守国家或部门有关保密的规定。在城建照片档案的接收、征集和利用等过程中，城建档案机构还必须重视照片档案涉及的相关著作权归属等问题，以免在照片的使用中产生侵犯作者著作权的行为。为了避免因上述问题而引起的法律纠纷，相关部门或个人应该增强相关的法律意识，利用法律手段，以签订法律合同的形式来明确约定合同双方的权利和义务，并认真履行合同约定。

二、城建录像档案

（一）城建录像档案产生与种类

录像档案是随着现代视听技术的发展而逐步产生、发展起来的一种新的档案种类。它是根据音视频记录原理将图像、声音信号同步记录、存储在特定介质载体上的一种新型档案。这种既闻其声，又观其形，不但声像同步、视听结合、动态连贯、影像逼真，而且具有信息量丰富、不易篡改等特点，已彻底改变了传统档案的单一性和静态性，同时，也赋予了城建档案工作新的内涵和发展空间。

从 1956 年世界上第一台磁带录像机研制成功以来，录像技术的发展主要经历了横向扫描开盘式磁带录像技术、螺旋扫描盒式录像技术和数字录像格式三个发展阶段。由此，也形成了多种类型的录像材料。城建档案部门的城建录像档案工作大多始于 20 世纪 80 年代。经过多年的发展，城建录像档案的种类也在不断增多，可以从不同角度进行划分。

1. 从录像的内容来分

（1）记录城市规划、建设和管理的重大活动和事件的录像档案。

（2）记录重要人物在本地区各种城市建设工作中的重大活动的录像档案。

（3）记录城际、省际、国际间城市建设的各种交流活动的录像档案。

（4）记录具有历史意义的建筑物、构筑物、名胜古迹保护和修复的录像档案。

（5）记录城市地理风貌特征，城乡建设前后面貌、市容景观，城市变迁及社会风情的录像档案。

（6）记录自然灾害、城乡突发事件、抢险救灾的录像档案。

（7）记录重大工程建设活动的录像档案。

（8）记录工程建设中反映工程原址、原貌及周边状况的录像档案。

（9）记录基础施工过程中工程测量、放线、打桩、基槽开挖、桩基处理等关键工序的录像档案。

（10）记录主体工程施工过程中施工现场整体情况，钢筋、模板、混凝土工程施工，隐蔽工程施工，内外装修装饰的录像档案。

（11）反映工程采用的各种新技术、新材料、新工艺的录像档案。

（12）记录工程重大事故第一现场、事故指挥和处理措施、处理结果等情况的录像档案。

（13）记录工程验收情况、竣工典礼的录像档案。

（14）记录反映竣工后的工程面貌的录像档案。

2. 从录像的信号记录方式来分

录像档案按其信号记录方式可分为模拟方式和数字方式两大类。而在这两大类中还可以细分为复合方式和分量方式两类。因此，一共可以分出复合模拟方式、分量模拟方式、复合数字方式和分量数字方式四种。其中复合模拟方式又分为色度直接记录方式和色度降频记录方式。而在相同的记录方式下，还可以按录像机不同的记录格式再进行分类。

3. 从录像的录、放像质量来分

（1）广播级。主要用于广播电视系统。采用广播级设备拍摄的录像，信噪比最高，录、放的图像质量最好。但其设备复杂，价格昂贵。

（2）专业级。专业级也称准广播级或业务级，比广播级低一个级别。专业级一般应用在广播电视以外的某些专业领域，如档案、电教等部门。图像质量略低于广播级。但是，目前高档专业级设备录制的图像质量已超越旧型号的广播级。

（3）家庭级。主要适合应用在图像质量要求不高的非业务场合，比如家庭娱乐等，属于大众消费的普及型级别，以 VHS 即大 1/2 和 8mm 为代表，其图像质量比较一般。但随着录像技术的不断成熟和数字技术的发展应用，目前，家用级机器录制的图像质量已有了很大提高，甚至已接近专业级的质量效果。

4. 从录像的载体规格来分

（1）2 英寸磁带。2 英寸磁带即 50.8mm 磁带，是最早期的开盘式录像磁带，由美国安培公司于 1956 年研制成功。因为体积大、分量重，且价格昂贵，因此，仅限于广播电视部门使用。直至 20 世纪 70 年代，1 英寸磁带出现后才被淘汰。

（2）1 英寸磁带。1 英寸磁带的录像机在体积、重量、功耗等方面都优于 2 英寸的录像机，但还是使用开盘式录像带，因此，仍然比较笨重，且操作也复杂。

（3）3/4 英寸磁带。3/4 英寸的磁带是盒式 U 型录像机使用的磁带，为 20 世纪 70 年代由 Sony 公司和松下公司联合研制推出。这是我国大、中城市城建档案部门在声像档案工作起步阶段普遍使用的机器，有低带和高带之分。

（4）大 1/2 英寸带。磁带宽度为 12.65mm，以 VHS 为代表，主要以家庭使用为主，也是社会普及面最广的种类之一。档案部门早期接收和使用的磁带多为这一类。

（5）8mm 磁带。是 20 世纪 80 年代初中期推出的一种更加小型的一体式家用摄录像机使用的磁带，带宽 8 毫米，它的磁带盒与卡式录音盒带相似，是一种带速低、记录密度高的金属带。由于小巧方便，价格便宜，因此，成为部分城建档案部门作为声像工作起步时的首选。

（6）1/2 英寸金属磁带。这类磁带主要有模拟分量的 Beta-camSP 和数字格式的 BetacamSX。前者价格适中，被广泛应用于广播电视、电教以及城建档案部门。后者价格昂贵，被广播电视界认为是目前最优秀的广播级产品之一。

（7）DV 带。DV 是 Digital Video 的缩写，即为"数字视频"的意思，为目前比较流行的一种数码视频格式的录像磁带。DV 格式目前常见的有 MiniDV 格式、HDV 格式和 AVCHD 格式等。MiniDV 格式就是人们通常说的 DV 机拍摄的格式，其特点是磁带体积较小，性能高，理论水平解析度可达到 500 线。HDV 格式是在 DV 格式上发展而来的，使用 DV 带记录的视频清晰度可以达到 1920×1440 的高清标准。AVCHD 格式是目前最先进的民用高清格式。与 HDV 相比，它采用了更高级的压缩算法，从而实现了更高的画面质量。用 DV 格式记录的视频信号，其最大的优点就是可以无数次地转录，图像质量基本不受影响。因此，为档案部门的录像档案的多代复制和长期保存解决了难题。

5. 从录像信息记录的介质来分

（1）磁带式。产生年代久远，是技术最为成熟的磁记录介质，从存储容量来看，成本相对较低，还可以重复使用。磁带的可靠性高，图像质量好，画面的单帧数据最为完整。其缺点是信号采集比较费时，磁带在运行时与磁头接触，会造成一定的机械磨损，且保存时间有限，因此，只能通过不断转录的方式来延长其寿命。

（2）光盘式。存储介质一般采用 DVD-R、DVR+R，或 DVD-RW、DVD+RW 来存储动态视频图像，操作简单、携带方便，拍摄中不用担心重叠拍摄，更不用浪费时间去倒带或回放，尤其是可直接通过 DVD 播放器即刻播放，省去了后期编辑的麻烦。DVD 介质是目前所有的介质中安全性、稳定性比较好的存储介质之一，数据存取速度快，信号的定位式读取比较方便，但光盘品质的优劣直接影响存储介质的耐久性。

（3）硬盘式。存储容量大，信号读取方便，只要用一根 USB 连线与电脑连接，就可以轻松传输录像信号，但硬盘一旦出问题，存储的数据将会受到严重影响，甚至造成无法挽回的损失，所以，必须及时做好数据的安全备份，以防万一。

（4）存储卡式。存储卡也称闪存卡，它是利用闪存技术，实现存储电子信息的存储器，如 SD 存储卡等，都属于新型的迷你存储介质。SD 卡是一种基于半导体快闪记忆器的新一代记忆设备。体积小，重量也只有 2g，但它却拥有无需额外电源支持的高记忆容量、快速的数据传输率、极大的移动灵活性和很好的安全性，而且是一体化固体介质，没有任何移动部分，不易受物理影响，因此，不必担心机械运动的损坏。

（二）城建录像档案特点

城建录像档案除了和城建照片档案一样，具有形象直观、客观真实的共同点之外，还有其自身的特点，概括起来主要有以下六个方面。

第一，原始记录性强。档案的基本属性在录像中能得到很好的体现。由于录像档案是当时当事使用专门摄录设备直接拍摄记录而来的，包括能记录完整的过程、段落和细节，在动态中使各种原始信号都能如实地被锁定保存在录像载体中，因此，具有高度的原始记录性。

第二，时间、空间感强。录像档案是以可视的动态画面和同步的音响效果为记录特征，把一瞬即逝的场景原本地摄录下来，在播放录像时，又能如实地呈现当初的真实场面，重现当时的情景，让人有身临其境的感受。

第三，系统表达性强。照片是用以张为单位的静止画面来反映问题的，是变化中的事物的特定的瞬间形态。而录像的画面则是动态的、连贯的，甚至可在一定时间，把事物变化的整个过程包括当时的声音都能毫无遗漏地连续不断地记录下来。因此，录像档案所记录的图像、声音信息是连续性的，更能系统地揭示事物的来龙去脉，也能更全面地说明问题。

第四，作品感染力强。图像在视觉上对人的感官刺激比文字更强，而录像档案既有声音，又有图形，声图结合，互相补充，它同时对人的听觉、视觉神经产生作用，从而，使信息更容易被利用者理解和接受，也更容易打动人。一段声情并茂的录像情节往往能给人留下深刻的影像，甚至终生难忘。

第五，不易修改作假。在一般情况下，由于录像画面不像照片容易被移花接木、改头换面等修改作假，尤其是未经编辑处理的原始录像素材，还含有与环境一致或口形一致的现场同期声，因此，相对来说，录像档案更为真实可信，它一旦形成，即为历史的真凭实据。

第六，易复制，原件与复制件难区分。录像制品很容易复制，而且难以区分原件与复制件。

（三）城建存档录像摄制

存档城建录像的摄制方式多样，声像档案工作人员应该根据录像档案摄录的实际需要，选择合适的方法进行摄录。

1.常用摄制方法

（1）抢救性摄录。抢救性摄录主要是针对在快速推进的城市化进程中，即将被拆除或者已经被列入改造项目的，具有一定历史年代的道路、桥梁、街区、街坊、宅院民居以及其他具有鲜明时代特征的各种建筑、构筑物等进行抢拍，为其留存最后的影像档案。抢救性摄录首先要掌握信息，把握时机，提前动手，历史原貌一旦消失无法复得。因此，城建档案部门一定要有超前意识，主动与有关单位沟通交流，获得信息后，应当马上制订摄录方案，立即开始行动，而且要赶在尚未动迁之前，越早越好。这样由于时间上相对从容，景物也处于常态之中，有助于摄录时能够把握得更加周详，录制的效果也比较自然和谐。摄录时还要注意不同镜别的组合兼顾。既要运用远景、全景在空间上把待拆迁改造的范围、地段的场面性的景象摄录下来，又要结合中镜、近镜甚至包括特写、大特写的运用，把一些具有历史研究价值的、特殊的细节部位都摄录保存下来。因此，抢救性摄录一定要全面、系统、多方位、多角度，并掌握宁多勿少、宁细勿粗的原则，把城市的历史旧貌完整、真实地记录在案。

（2）跟踪性摄录。跟踪性摄录主要针对某一建设项目，从开工到竣工的全过程中，根据内容的实际需要，有所侧重地，阶段性、间隔性地进行系统拍摄记录。跟踪摄录的对象一般为在当地具有一定影响的新建、改建、扩建等，投入资金比较大，具有相当规模的道路、桥梁、建筑等工程。跟踪摄录比较重要的项目一般从方案论证、地块原貌开始，包括隐蔽工程在内的各个重要环节、部位、过程、施工工艺以及阶段性变化等，定期定点进行详细摄录，直至竣工验收交付投用。通过系统积累，形成一套完整的录像档案。在跟踪摄录之前，首先要对工程概况进行了解，包括项目特点、资金投入、施工周期、关键技术等，做到心中有数，并制订详细的摄制方案。同时还要与建设、施工方取得联系与支持，在不影响施工，确保安全的前提下，方能进行。每次摄录都要做好相应的文字记录，按时间顺序及时登入目录。记录载体以一事一盒为宜，尽量不要与其他内容混录在一起，便于日后的管理与利用。

（3）专题性摄录。专题性摄录就是针对某一主题需要而进行的专门录制。专题性摄录涉及面比较广，内容较多，也是城建录像档案中最普通、最常见的一种摄录方法。例如专门对城市道路、城市桥梁、公共交通、市容市貌、风景名胜、大型建筑，或者重要会议、规划论证、古建筑修缮保护、城市抗洪、防震救灾，工程质量监督等，分门别类地进行专门摄录。专题性摄录的内容有简有繁，有多有少。有的可能就1~2min的镜头，有的可能比较系统、详细，完全根据被摄录对象的性质、规模以及实际价值、意义等综合因素考虑决定。但总的要求是录制内容要有典型性、代表性。不求录制时间的长与多，只求画面质量的好与精。因此，专题性摄录是档案录制中最讲求技术手法的一种。尤其是色彩的平衡、镜别的运用、角度的选择、光线的处理，画面的稳定性以及构图等方面，都要用专业水准的要求来对待。

（4）佐证性摄录。佐证性摄录是专门为提供凭证依据而进行的特定内容的摄录。由于录像档案具有无可置疑的原始凭证性，因此，能为文字材料的进一步说明提供更直觉的更有信服力的证据材料。对于这一类内容的摄录，首先，要了解清楚其本意和目的，才能针对问题抓住要点。其次，是考虑如何来充分体现凭据的表现力度。例如，对城建工程项目的创优评选、新材料新工艺的应用、工程质量问题的分析、事故灾情的处理，甚至涉及法律纠纷等等，针对内容有的放矢地进行摄录，用栩栩如生的录像材料作为特定的凭证依据是一种非常有效的、具有很强权威性的佐证方法。

（5）对比性摄录。对比性摄录主要是在同一空间的不同时间内，专门针对城市的某一景貌或某一主体场景进行摄录，从中体现事物的变化和差异。城市建设的快速发展使城市面貌日新月异，可谓"一年一个样，三年大变样"。为了记录发展变化中的城市，我们可以选取合适的地理位置，采用同一地点、同一角度，不同的时间，或一年，或三年，采用相对固定的时间周期，为同一对象拍摄记录。通过相当时间的累积，便能形成对比强烈、反差鲜明的影像，使城市发展成长的不同年轮无限地清晰地留存在档案载体中。日后无论是宣传城市，还是供后人研究城市，都将是极其珍贵的历史材料，也是让后人认知城市历史的生动教材。因此，做好对比性摄录是一件很有意义的声像档案工作，需要我们平时注意观察，持续不断地去积累。

2. 城建录像摄录要点

（1）保持画面的稳定性和内容的连贯性。画面的稳定性是录像拍摄中最基本的要素，对初学者来说尤其要注意。录像拍摄的是连续的动态画面，如果摄像机没有持稳，那么拍出的画面必定是动中加动，晃晃悠悠，给人有飘忽不定的感觉，不但影响观看效果，严重的还会影响到被摄物体的清晰度。虽然摇晃拍摄也是一种表现风格，但这是某种特定含义的奇特表达手法。一般情况下，横平竖直的构图和四平八稳的画面更符合人的自然视觉规律，也是录像档案的基本要求。要保持平直稳定的画面，除了声像工作人员的拍摄姿势要准确，练就的功夫要过硬外，使用三脚架将摄像机固定是最好的办法，它对所摄画面的稳定性具有很大帮助。利用三脚架上的水平仪，还能够很方便地将镜头锁定在水平状态，不用再担心画面倾斜不稳现象。当然，录像画面的"动"是不可避免的，保持画面稳定并非排除镜头的移动变换，如在处理"推、拉、摇、移、跟、退"这些摄像基本手法时，一定要有明确的目的性，要根据内容的实际需要，恰如其分地掌握运用，切忌过多地、毫无意义地乱推乱拉，晃来晃去，即便是移摄或摇摄，也要让镜头保持在平稳的轨迹中匀速进行。而且，任何镜头的起幅和落幅，都应该保持有足够时间（一般不少于5s）的稳定画面，然后再进行"开始"或"结束"的操作，尤其要兼顾录像的内容情节和画面（语音）的相对完整，不要该停机时没停，不该停机时却停机，以免造成部分画面的残缺或内容信息的不完整。

（2）注意色温变化，及时调整白平衡。色温是测量和标志波长的数值，是彩色摄影、录像中对色彩影响的一项重要指标，与画面效果有很大关系。由于光的波长不同，所呈现出的颜色也不同，色温高的呈蓝色，色温低的呈红色。从日出到日落，一天之中的色温也在不断变化之中。所以，光源的色温在彩色摄影、录像中对色彩的还原具有重要的影响。如果在摄录时，没有对现场的光源色温做平衡调整，那么，录制出的画面有可能偏红或者偏蓝，这样就失去原有色彩的真实感。因此，为了确保图像色彩的还原真实，在录像前进行色温调整是必须的。由于自动色温的调节精度不是很精确，当录制内容要求高，现场光源较为复杂的情况下，还是建议尽量用手动方式对白平衡进行调整。

（3）精确对焦，确保画面的清晰度。对焦的正确与否直接影响画面的清晰度。由于拍摄录像时，尤其是摄录动态图像，摄像机镜头与被摄物之间的距离是不断变动的，如果超出景深范围，就会导致图像不够清晰，甚至模糊。为了确保图像质量，就必须不断调整镜头的焦距位置，以确保被摄物始终处在景深范围内。在实际工作中，虽然可以利用自动对焦功能，但是，对于一些环境复杂的场景，自动对焦也会失灵，甚至在拍摄时焦点漂移。而手动对焦就不易受环境干扰。因此，对于没有自动对焦功能的摄像机，或者是特殊需要必须手动对焦的，为了提高对焦精度，可以将变焦杆推到目标景物的最大化位置进行对焦，或按住摄像机上的自动变焦按钮"工"，因为这时的目标景物在取景器内放得最大，很容易看清焦距的虚与实，通过观察取景器内图像的清晰度，直至满意后，再将变焦杆或按动变焦按钮"W"，退回到刚才构图的景别上。由于焦点在变焦过程中一般不会发生变动，因此，利用变焦方法更有助于我们精细对焦。

（4）准确构图，合理布局画面。构图实际就是指画面的布局与构成，是反映画面内容的重要形式。其意义就在于有选择地组织好各种画面的构成要素，以最佳的视觉效果来反映主题信息。画面的构成要素主要包括线条、形状、光线、色彩、质感、立体感和运动等方面。通过这些要素的相互作用和影响，从而使录像画面能更好地显现出事物的本质特性。录像画面的结构一般包括主体、陪体、前景、背景、空白等内容。构图处理得如何，完全取决于画面主体表现得是否成功，以及主体与陪体、前景、背景、空白等相互关系处理得是否恰当。因此，对构图的总体要求是：突出主体形象，明确表达主题；画面简练明快，忌讳繁杂琐碎；布局均衡，比例协调；画面紧凑，视觉舒畅；横平竖直，重心平稳；灵活运用，不落俗套。由于录像构图是在摄录现场一次性完成，它不像照片可以在放大时剪裁，而是根据录像内容和表现意图直接构成。同时，还要与景别结合运用。

（5）注意景别变换，丰富画面内容。景别是指由于摄像机与被摄景物的距离不同，而造成被摄景物在画面中所呈现出的范围大小的区别。景别的划分，一般为远景、全景、中景、近景、特写五种类型。远景一般就是将摄像机镜头拉到最大位置，即取景达到摄像机所能取得的最大范围，一般在表现宏大场面时使用，给人气势磅礴、规模巨大的感觉。全景主要是展现景物的全貌。例如拍摄一幢大楼的全景，是应将建筑的一层到顶层全部纳入镜头里，让人看到完整的建筑全貌。中景是指取景物的某一主要部位，或基本可以代表全部的部分，对拍摄人物而言，相当于我们通常所说的半身照，但必须注意的是，拍摄人物中景时，切忌在人的关节比如膝盖、腰部截图。近景一般是着力刻画细节的时候所使用的表现手法。比如专拍人物的面部表情。特写就是进一步的刻画，这是在拍摄景物细部特征时使用的表现手法。如拍摄古建筑上的彩绘、雕刻工艺以及特小的物体就必须用特写的手法来拍摄。总之，景别的运用应该根据被摄景物所要表达的主题需要来选择。

（6）注意室内外的温差变化，防止设备"结露"。摄录像设备是精密仪器，应该在合适的温湿度环境中使用。但有时也无法避免，这里特别要强调的是，当机器从一个寒冷的地方拿到一个比较暖和的地方时，或者机器工作场所的湿度超过一定值时，镜头的镜片表面以及录像机磁鼓等部位就会凝结微小的水珠，形成雾状的水汽，这种现象称为"结露"。结露就是指物体表面温度低于附近空气露点温度时表面出现冷凝水的现象。如果此时马上开机工作，磁带就会贴在磁鼓上。由于磁带和磁头之间相对高速运动，这就很容易损伤磁头和磁带，同时还可能造成机器故障。有的摄像机检测到发生结露后，将会报警并出现报警显示，同时摄像机除了出仓外的所有记录重放操作将被禁止，最终机器将自动断电。因此，当机器已经发生结露报警，应立即停止使用，打开带仓，取出磁带，将摄像机静止放置一段时间，直至报警消失后再使用。也不宜使用热吹风向机器内部吹热气，以免机器的塑料件发生变形。防止结露的办法是，当机器从低温处移到高温的地方时，须用塑料袋将摄像机包好，直至摄像机温度回升至室内温度时再使用。夏季，当摄像机从空调室里取出，拿到没有空调的高温地方时，同样也要注意温差的变化，防止结露。

（7）拍摄前必须充分做好各项准备工作。凡事预则立不预则废。拍摄前预先做好一些必要的准备，可以避免在实际工作中可能遇到的各种措手不及的问题。准备工作主要有两个方面。一是思想准备（即拍摄计划的准备）。例如，对拍摄的大致内容、要求、时间以及场地情况、光线照明等心中有数。即使应对突发事件，也要尽量掌握一些必要的信息，避免仓促上阵。二是设备准备。例如，要检查机器设备是否运行正常；镜头、磁鼓等容易积污的部位是否要擦拭清洗；电池的电量情况、磁带以及必要的附件都要有足够的准备。因此，只有准备工作做充分了，工作时才能得心应手，临场不乱。

城建录像档案的摄录是一项专业性强、技术要求高的工作。尽管现在的机器都带有自动功能，但是，过于依赖自动也不利于业务水平的长进；相反，合理使用手动功能更有利于技术水平的提高，从而制作出更高质量的作品。因此，声像档案工作人员在掌握基本技术的同时，还应该多学习有关摄影、摄录像方面的技术知识，多参看一些相关方面的书籍，虚心学习，大胆实践，不断积累经验，以便在实际工作中能更好地运用。

（四）城建录像档案管理

1. 录像档案的收集方法

收集是档案工作的基础，是档案管理的起点。它直接关系到档案的质量和数量。因此，如何做好城建录像档案的管理，首先从收集入手。目前，城建录像档案的收集主要通过以下方法。

（1）城建档案馆自主摄录。城建档案馆直接进行城建录像的拍摄，是当前各地城建档案馆比较普遍而有效的做法。自 20 世纪 80 年代开始，我国的城乡建设进入新的发展阶段，城建档案工作也随着社会的需要逐步发展起来。不少城建档案馆在成立初期就购置了摄录像器材，配备了专门的声像档案人员，开始对城乡建设的新、旧面貌系统拍摄收集，形成积累了一大批珍贵的城建影像档案，为丰富馆藏门类，拓宽档案内容付出了很大努力，并在实际利用中也取得了显著成效。城建档案馆自主摄录具有以下有利条件。

第一，人才技术优势。声像档案工作是一项技术性、专业性很强的工作。由于声像档案工作的重要性，使得在人员的配置上都是将综合业务素质比较好，热爱声像工作，钻研业务，有敬业精神，能吃苦耐劳的人员当作首选对象。经过不断学习和实践，他们的业务技术都相当专业，为录制出优质的声像档案奠定了良好的基础。

第二，设备条件优势。作为一件有保存价值的声像档案，对其本身的质量要求应该是没有上限的。因此，用作制作声像档案的设备器材也是一个重要因素。为了获取好的制作效果，城建档案馆购置的摄录器材一般都在财力允许的情况下，尽量往高端靠，有的甚至达到准专业或专业级别。所以，城建档案馆的设备器材条件不同一般，部分相对占有一定的优势。

第三，信息来源优势。城建录像档案的拍摄收集需要及时掌握信息，才能不失时机地进行摄录。而城建档案馆在建设行政主管部门的直接领导下，与建设、施工等单位联系比较密切，信息渠道通畅，一旦有重要的城建活动时，城建档案馆总能在第一时间内获知信息，准时到场参与声像档案的摄录。因此，信息优势也成为有利于城建档案馆拍摄收集声像档案的重要条件。

综上所述，城建档案馆自主拍摄城建录像是比较现实的，也是行之有效的。城建档案工作本身服务于城市建设，涵盖面广，专业性强，业务熟悉。所以，在城建录像的摄制中，更能从城建档案专业角度考虑，突出重点，抓住关键，从而形成内涵丰富，信息全面，音、视频技术指标较高的城建录像档案。

（2）接收建设施工单位移交的录像档案材料。住建部《建设工程文件归档整理规范》明确规定，在工程建设活动中直接形成的具有归档保存价值的文字、图表、声像等各种形式的历史记录，都应作为建设工程档案进行归档。因此，建设施工单位在向城建档案馆移交建设工程档案时，应该同时移交包括声像档案材料在内的全套档案。为了确保所移交录像档案的技术质量，城建档案机构要加强对产生录像单位的业务指导，或举办摄录像技术培训班，帮助他们掌握有关技术知识，提高实际操作水平。

（3）主动向有关部门征集。涉及城建录像、录音方面的单位一般为电视台、电台以及宣教部门。尤其是电视台，平时拍摄城建方面的录像机会比较多，城建报道本属"热点"题材，因此，不乏值得城建档案馆征集收藏的内容。城建档案馆应该主动上门，积极协商，定期向电视台征集具有保存价值的城建录像材料。并把这种定向征集作为一种长期的合作方式。录像档案的征集一般均以复制的方式获取，由于原件（母带）与一代复制件在技术指标上差别不是很大。只要画面清晰，音响正常，将复制件作为档案保存应该是可以接受的。

2. 录像档案的检验

检验是录像档案归档前的必要环节，也是为了确保录像档案的内在质量以及日后的正常利用，尤其对接收移交、征集的城建录像档案，必须进行检验，只有符合要求的才能签收。城建档案机构应该备有相应的设备，如果规格比较特殊，尽量在保证信号质量的前提下，转换成常规格式后再接收。录像档案检验首先对其外观进行判断，外盒是否有裂痕，是否有机械变形、划痕、霉斑、粘结、污染等情况。然后，上机运行是否流畅，有无其他异常响声和跳帧、卡停等现象。图像是否清晰、偏色、失真、畸形，段落是否完整，画面是否稳定，音响是否正常。录像中所反映的内容是否与文字目录一致，登记的各项信息是否详细完备。

3. 录像档案的分类与编目

（1）分类。对收集来的城建录像档案，首先要按载体介质的不同，将磁带、磁盘、光盘等分开。

磁带录像档案是最常见的，使用最为普遍的载体，也是规格最多最杂的一种。按其性能指标的级别来分有广播级、专业级（准广播级）、家用级。按磁带磁性体的类型分有：氧化铁带、二氧化铬带、钴系氧化铁带、金属带和金属镀膜带。按录像信号处理方式来分有模拟录像、数字录像。因此，对城建录像档案分类，应该根据种类、数量等方面的实际情况，按录像带的格式、尺寸、内容、年代或重要程度等进行分类整理。

（2）整理编目。录像档案的排架、分类、登记与编号等应保持一致，才便于使用与保管。

录像档案在一般单位形成数量不多，内容比较单一的情况下无须分类，只建立总登记目录即可。总登记簿可以按照接收时间次序逐一登记入册。如果录像档案数量比较多，已分类整理，可按分类情况建立分类登记目录。目录中的登记项目包括：分类号、编号、录制日期、内容、时间长度、责任者、录制单位、录制地点、技术状况、归档时间、备注等。按照归档的先后次序，在分类号后面再加上流水号即可。录像档案一般以盒（或盘）为一个保管单位，如果有若干盒内容相同的录像档案，应该统一编号后再编分号。

录像档案是装在特制的盒内或套内，在盒套外边要用标签贴上，标签上要写明录像主题内容（题目）、盒数以及编号、时间长度、起讫时间。盒套内要有内目录。

录像档案的著录项目应包括档号、题名、责任者、录制时间、长度、位置、地点、磁带编号、磁带规格、密级、保管期限、档案馆代号、主题词或关键词等。著录方法和要求应该按照现行国家标准《城市建设档案著录规范》和《城建档案业务管理规范》规定执行。

4. 录像档案的使用与保管

目前，城建录像档案一般均以磁带为主，由于其载体材料的成分比较复杂，片基脆弱易断、易霉、易污损，磁粉涂层的老化容易从片基上剥落，使磁层微粒变得不稳定，从而导致信息质量逐渐下降，甚至丢失。因此，城建录像档案的合理使用和科学保管，对于发挥档案的作用，延长档案的使用寿命有着至关重要的意义。对此，我们在平时的使用和保管方面，应该特别注意以下要求。

（1）录像档案原件（母带）作为保存件，不得外借，提供利用一般为复制件。而且必须在性能良好的专门机器上阅读或采集信息。

（2）录像档案从库房取出使用时，要注意温湿度变化不宜太大，如有必要应该在过渡房中放置一段时间后再取出使用。搬运录像档案要谨慎小心，严防剧烈震动、撞击或跌落、翻滚。

（3）录像档案的使用环境要远离磁场源，不得接近变压器、马达、永久磁铁、保健磁铁、磁化杯、磁铁图钉等一切带有磁性的物品。

（4）录像档案的使用环境要保持清洁、干燥。录像档案只有在使用时方能从保护包装盒中取出，使用后应立即放回。接触录像档案应戴洁净的手套，更不能用手指触摸录像档案载体。

（5）录像档案应存放在保护性良好的非磁性材料，活性不强的聚丙烯塑料盒内，并且密闭性要好。不宜用含有氯化物的 PVC 塑料盒存放录像档案。

（6）录像档案应该存在密闭的有磁屏蔽的容器中，应距容器外壁至少 7cm。有条件的应该设置测磁设备。

（7）库房要长期保持清洁。环境温度应控制在 15~27℃、相当湿度 40% 至 60% 范围内选定一组值，一旦选定，在 24h 内温度变化不得超过 ±3℃、相对湿度变化不得超过 ±5%。最佳环境温度为 18℃、相对湿度为 40%。

（8）录像档案应该有专业人员进行定期检查，发现问题应立即采取措施。为了档案载体上的信息能长期保存，城建档案部门应该及时进行复制或数据迁移，以便能维持有效的设备来读取档案信息。机读设备应该由专人负责，定期进行保养，发现有磁粉脱落时，必须采用专用清洗溶剂立即对整个系统进行清洗。

（9）为了释放磁带内部压力，一般为 3 年应进行一次倒带，倒带速度不宜过快，张力要恒定，保持 1.7~2.2N（牛顿）以免损伤磁带。倒带环境一定要保持清洁，并按要求严格掌控好温湿度。

（10）在播放中的录像档案如要停止播放时，不管停止的时间有多长，应尽量避免使用"暂停"功能，以减少对磁带的磨损。

（11）使用后的录像档案在放回原处前一定要仔细检查，防止受污染的档案直接放入库房。

5. 录像档案的保护性复制与安全转录

作为档案保存的录像载体始终让人们存在两大担忧：一是载体材料的不耐久性；二是更新换代快，旧版信息的可用性。因此，为了解决上述问题，档案部门必须采用定期复制或安全转录的方法来解决信息的长久保存和有效使用。

（1）定期复制。定期复制就是采用相对稳定或更好的载体材料，将原信息通过多代复制来维持、延长载体信息的保存期。一般来说，正常保存的录像磁带应每隔 8~10 年复制一次。也可以根据单位的保管条件等实际情况，自定复制周期。但要注意，周期并非越短越好，因为复制会在一定程度上造成信号质量的下降，尤其是模拟信号的磁带，而数字信号在这方面则具有明显的优势。

（2）安全转录。由于录像载体信息需要一定的配套设备才能正常读取，信息载体与机读设备两者互相依存，缺一不可，就如不同规格的磁带，需要不同规格的录像机才能播放磁带的内容，因此，两者之间只要一方淘汰必将影响到另一方的正常使用。这就是安全转录的必要性。转录一般为向上式发展，即高级设备替代低级设备，更新型的载体替代旧的或落后的载体。档案部门在转录的技术方式以及载体替代材料的选择上应该根据档案的性质特点，以相对长久稳定、安全可靠为先，合理选择灵活运用。

三、城建录音档案

（一）城建录音档案形成及种类

1. 城建录音档案形成

城建录音档案是指在城建活动中，具有保存价值的重要新闻、报告、评论、访谈等以语音信息为主，采用声频技术将其录制保存在特殊载体上，并可以重复还原播放的历史声频记录。所谓声频技术实质就是声音的加工处理技术，它是采用录音设备，在录制过程中，将声音信号经传声器转换成电信号，重放声音时，再将电信号放大转换成推动扬声器发出的声音信号的专门技术。

2. 城建录音档案种类

（1）按载体形式分。

第一，磁带录音档案。磁带录音档案是比较常见的录音档案之一，它是将声音信号记录在涂有磁粉的带基上（磁带），磁带放音是通过磁带放音机或磁带录音机，把声音重新还原播放出来。磁性录音载体材料有钢丝带、胶带、塑料带、纸带等。

第二，唱片录音档案。唱片是薄形圆盘状的塑料制品，盘面上有细密的圆形沟槽，俗称声槽，用于存蓄声音，播放时可以用唱机将声音还原重放出来。唱片是人类历史上最早用来留存声音的物体。唱片按其制成原理的不同分为机械唱片和激光唱片；按其制成材料的不同分为金属唱片和塑料唱片。

第三，数码录音电子档案。所谓数码录音，就是采用现代数字技术的录音方法，它是通过对模拟信号的采样、编码将模拟信号通过数模转换器转换为数字信号，并经一定的压缩后存入内置闪存或外置的 CF、SM 等存储卡。数码录音电子档案就是采用数码录音器材录制形成的电子音频文件。由于数码录音采用的非机械式的电子结构，因此，具有无磨损、轻便耐用、录音时间长、信息读取及传送方便、安全可靠等特点。而且数字信号即使经过多次复制，声音信息也不会受到损失，能保持原样的音质。

（2）按录音内容分。

第一，新闻录音。新闻录音主要是指新闻广电部门对城乡建设活动中的一些重要新闻、事件进行现场报道的录音。

第二，报告录音。报告录音是指在城乡规划、建设、管理活动的重要会议上，有关领导所做的工作报告或重要讲话的录音。

第三，评论录音。评论录音是指在城乡建设活动中，有关人员对某项决策、方案、事件等发表的具有指导、参考价值的个人评述性意见的讲话录音。

第四，访谈录音。访谈录音主要是指对特定对象进行城建专题采访时所录制的重要谈话录音。包括口述档案录音。

（3）按记录方式分。

第一，机械式记录。机械式的记录方式，是把声波振动的轨迹用机械方法刻在特定载体上的记录方式。

第二，磁记录。磁记录方式是目前广播、电视和音像制作部门普遍使用的录音记录方式。主要是磁记录设备使用方便，重放时音质还原好，操作简单，因此，很容易普及。

第三，光记录。光记录方式是随着数字音频技术的发展而产生的一种新的音频记录方式。如 CD、CD-R、CD-RW 以及硬磁盘等。

录音是一项综合性的技术工作。它要求录音人员具有一定的电声技术知识，以及实际操作能力。如了解录音的声学特性，传声器、调音台、录音机、扬声器以及声处理器等多种录音设备的基本原理与使用功能，并能在实际录音中合理应用。城建录音档案录制的内容一般以语言类为主。语言类录音是指以语音为声源的拾音，如新闻报道、会议、访谈等。语言录音对清晰度的要求比较高，也是录音档案的基本要求。在录音中，影响语言清晰度又有诸多方面因素，有录音环境方面的，也有设备技术方面的。因此，录音时应该根据实际情况，分别采取相应的措施，以获取较好的录音效果。

（二）城建录音档案管理

1. 城建录音档案归档

归档的城建录音档案是在城建活动中直接形成的，具有一定保存利用价值的历史记录。一般为完整地、相对独立地记录某一事件的录音载体为一个保管单位，单独装在专用防护盒（套）内。每个保管单位内必须装有卡片目录登记表。登记表内容包括：录制日期、单位、姓名、地点、内容、开始语、结束语、内容时间、录制方式、载体情况、技术质量、录音人员、检查人、审听意见等。

归档的城建录音档案必须将与录音内容一致的文字材料一起归档。文字材料是录音档案的组成部分，不可将录音材料和文字材料分离。对于没有文字材料的，可以根据录音的实际内容重新进行整理，形成录音整理稿。

2. 城建录音档案验收

验收是对移交接收的录音档案进行检验的必要环节，主要包括核对录音档案登记表所填写的内容是否符合要求，查听录音档案的实际内容和播放时的音响效果等工作。登记表的填写内容尽量齐全，字迹清楚。听音前必须对录音载体情况进行相关要求的检查，播放录音档案应该在环境安静的地方，避免各种干扰。听音的同时要一起查对文字材料。经过上述程序符合要求的才可以签收。档案部门应该设立专门的听音室，配备监听级的音响设备，确保听音验收工作的质量效果。

3. 城建录音档案整理

（1）分类。分类是整理录音档案的首要工作。在一般情况下，可以将不同规格或载体的录音档案进行分类，如盘式录音磁带、盒式录音、模拟唱片、激光 CD 片等归类区分。

录音磁带是比较常见的载体，早期的录音一般都以磁带为载体，但是磁带的存贮时间有限，而且必须有相应的播放设备才能正常读取信号，所以，一旦播放设备老旧、淘汰，都将影响对磁带录音档案的利用。因此，档案部门应该多方面考虑，必要时应该定期拷贝复制，或将模拟信号转换成数字信号刻录到光盘中保存，以便利用时的正常播放和长期保存。对于录音档案数量比较多的，也可以按年度或内容进行分类。随着数码录音技术的发展，数码录音电子档案将逐步取代传统的磁带录音档案，因此，分类方式也可以参考电子文件形式进行分类。但不论怎样，分类方案必须保持前后一致，并相对稳定，不要随意变动。

（2）编目。城建档案部门对接收保管的录音档案，应该及时登记入册。一般来说，城建录音档案的数量都比较有限，因此，只要按接收的时间顺序，进行流水编号，记入总登记册即可。如果数量多，内容复杂的并已做分类整理的，可以按分类情况记入分类登记目录。目录内容包括以下项目：编号、移交（接收）日期、录音日期、内容、录制单位或个人、录音地点、录制方式、技术状况、数量、备注等。

4. 城建录音档案保护

磁带录音档案的保管要求和磁带录像档案基本相同。

（1）控制好温湿度。保存磁性载体档案的库房温度应控制在17～20℃，相当湿度应控制在35%～45%，而且必须保持相对恒定。

（2）远离磁场干扰。保存磁带的库房和使用磁带的场所，必须避开接近30奥斯特以上的磁场，因为，强磁场有可能把磁带上记录的信息抹掉。磁带最好存放在密闭的防磁柜内。

（3）防尘保洁。磁带库房必须保持清洁，使用磁带的环境要有防尘措施。对经常使用的磁带和有污损的磁带要及时进行清洗，同时，还应该定期对放音设备进行保洁。

（4）定期检查。录音磁带每两年检验并倒带一次，主要是听音质，看外观，如发现问题，应及时采取补救措施。

（5）适时转录或安全迁移。转录和迁移都是为了录音信息能够得到长期保存和有效读取。因此，档案部门应该随着科技水平的不断提高，及时对档案载体和机读设备进行必要的更新升级，让档案工作不断得益于现代社会日新月异的科技发展成果。

（三）城建录音档案利用

城建录音档案记录的是有重要保存意义的真实的语音信息，对城乡规划、建设和管理工作具有一定的参考指导作用，城建档案部门应该积极开发录音档案信息资源，为现实工作服务。利用城建录音档案可以采用以下方法。

第一，编制《城建录音信息汇编》。《城建录音信息汇编》就是将馆藏录音档案整理出的文字材料，分门别类地汇编成册子，方便利用者阅读的一种档案信息汇编材料。编制城建录音档案信息汇编时，要注意录音档案内容的安全保密问题，因此，对未开放的录音档案要持谨慎的态度，如有必要还应该征得本人同意。对内部印发的，应在封面醒目位置注明"内部材料"，并限制一定阅读对象或控制发行范围。

第二，编制《城建录音剪报》。所谓录音剪报，就是根据录音材料的实际内容，针对某一事项，有选择性地剪辑出具有一定参考价值的语音片段，并整理成文字材料，提供特定对象参考阅读的一种信息剪辑材料。编制录音剪报要掌握以下要点：①时效性强，因为录音剪报一般都是有针对性的信息剪报，所以一定要讲求时效，要体现信息的及时性；②内容要准确真实，录音整理成文字材料不得出错，也不能断章取义、移花接木，要保持客观真实；③信息面要宽，尤其对不同的意见，不同的观点都应该容纳进去。俗话说，兼听则明，偏信则暗。所以，同时能听取各方面的意见，才能让决策者做出正确的判断。

第三，引用讲话原声。录音档案的最大特点，就是记录的是真人的语音原声。在编辑声像档案的专题片时，适当引用安插一段真人讲话录音，能大大增强临场感和真实性，进一步烘托气氛，给人更直接亲切的感受，起到画龙点睛的作用。但是，引用真人讲话录音要注意时间段落，一般不宜太长，引用的段落要恰当，不能生搬硬套，要符合客观实际需要，不然就会适得其反。

第四，提供录音证据。录音档案是原始的音频记录，它能真实地反映出讲话人的音色、语速、语言习惯，包括讲话时的心态以及当时当事各种综合因素所反映出的情绪。当播放这些录音时，熟悉情况的人很快就能做出判断，因此，以讲话人的实况录音为依据，具有法律凭据的特有功能，予以采信。由于其证明力远远超过其他证据，故有"会说话的证据"之说。

第二节　城建电子文件的管理

一、电子文件定义与基本特征

（一）电子文件定义

"目前，城市建设正处在迅速发展的大好时期，各级建设单位产生了大量的城建电子文件，这些电子文件在城市建设中扮演了极其重要的角色。"① 何谓电子文件，关于这个问题国内外专家学者都进行过广泛研究。从现有情况来看，电子文件的研究思路基本可分为两类：一类是就电子文件研究电子文件，然后给其下一个定义，这是一种直接型的研究思路；另一类是先研究文件，看随着电子文件出现之后，现代文件的概念发生了何种变化，然后再给电子文件下定义，这种研究思路可以说是系统型的研究思路。

1. 文件概念

文件是组织或个人为处理事务而制作的记录有信息的材料，是人类记录、固定、传递和储存信息的一种工具。文件作为一种社会现象，它的出现和发展有着悠久的历史。作为信息传递的一种工具，它在国家管理、人们日常信息交流中有极其重要的作用。传统的纸质文件，其载体和内容紧密结合在一起，并且能够清晰地呈现出来，不需要我们分别对其认识和管理。

2. 电子文件的概念

"电子文件"也称为"数字文件"。电子文件就是"电子"加"文件"，或者说是"数字化"和"文件"两个概念的交集。"文件"是电子文件的功能属性，"数字化"是电子文件的技术属性。完整的电子文件包括内容、背景和结构三要素，应由文件内容信息与元数据组成，并可形象化地将文件与元数据比作信的内容和信封，文件是用元数据封装起来的对象。

根据新近颁布的国家标准《电子文件归档与管理规范》，电子文件是指在数字设备及环境中形成，以数码形式存储于磁带、磁盘、光盘等载体，依赖计算机等数字设备阅读、处理，并可在通信网络上传送的文件。归纳起来，电子文件的定义具备如下基本要素：

（1）电子文件是由电子计算机生成的，这种文件只能采用计算机读取的方式提供信息。也就是说，它的内容只能通过机器来利用。

（2）电子文件是用数字代码形式记录在载体（如磁盘、磁带、光盘）上的。

（3）电子文件必须符合"文件"的有关要求。

（二）电子文件特征表现

第一，信息的转换性。传统文件的内容主要是记录在纸张载体上，所使用的符号是能直接被人阅读的文字、字母或数字。与传统的纸张文件相比，电子文件的内容是记录在高密的磁性载体上或光学材料上，其记录信息所使用的符号是须经过解码的二进制数字符号，不能被人直接阅读。所以，电子文件产生或存贮时，其信息需要从人们直接阅读的形

---

① 唐锦：《城建电子档案的保存策略》，载《档案时空》2011 年第 10 期，第 35—36 页。

式到机读二进制数字形式的传递和转换。为了实现这一目的，就不仅需要保存电子文件，还需要利用必要的硬件与软件来读这个文件，并完成数字符号的准确转换。

第二，载体的不确定性。传统文件记录的内容是以纸张为载体，内容与载体无法分离，文件一旦形成，其信息对载体具有永固的依赖性，如要改动信息，必将破坏载体的物质结构而留下痕迹。因此，传统的纸质文件的可靠性、凭证性较好。而电子文件所记录的信息，可方便地将其从一种载体转移或复制到另一种载体上，如将文件从硬盘上转录到磁盘、光盘上，或通过网络从一台计算机传到另一台计算机上。由于信息不受载体本身的制约，所以在变换载体期间往往会受到诸多不确定因素的影响，如计算机病毒侵袭、信息被篡改甚至丢失等现象，而导致文件信息受损。

第三，结构的二重性。电子文件的物理结构，即存贮结构，是指电子文件信息在存贮载体上的存放方式，如文件的正文、附件、图形等各部分在载体上的存贮位置。逻辑结构则是指电子文件的自身结构，如文件中文字的排列、章节的构成、每页的顺序、插图的标号等。电子文件的物理结构和逻辑结构不像纸质文件那样是固化在一起的，而是可以相互分离的。物理结构如何，主要取决于其依赖的计算机系统，即硬件与软件和存贮装置可用的存贮空间。即使同一电子文件在不同时期，其物理结构也会由于人为操作或者电脑系统自动优化（如磁盘碎片整理）的原因发生变化。因此，电子文件必须保留其在创建时的这种逻辑结构，而当电子文件被调用时，计算机系统又必须能重新建构这种逻辑结构，以供人们直接阅读，从而保证了电子文件的凭证性和完整性。

第四，背景信息的不完整性。纸质文件在办理过程中自然形成各种背景信息，如领导批示、部门意见、有关人员签署以及文件的收发运转情况等，它们一般会自然依附于主文件，或在办理过程中很方便地将其与主文件组合在一起。而电子文件完全不同，它的形成、运作、传递和处理过程都是在电子计算机上进行，没有那么直接、详细和完整的背景信息。因此，为了其完整性、凭证性和可靠性，电子文件不仅严重地依赖于提供有详细行政管理活动的材料，还依赖于说明电子文件信息如何被记录的元数据。说明行政管理活动和文件之间关系的元数据，能够提供文件的背景信息，所以，必须随电子文件一起保存。

第五，外延的模糊性。电子文件就其内涵而言是清楚的，即"电子文件是适合于数字电子计算机操作、传递和处理的文件"。但是，就其外延而言，又是模糊的，因为电子文件并不仅是从一个物理实体能得到的，从这个角度而言，它具有虚拟性。然而电子文件又确实是客观存在着的，因为它仍然构成一个逻辑实体，既是具体事务活动与事务处理的组成部分，又为具体事务活动与事务处理提供了凭证。因而，在大多数情况下，电子文件与传统纸张文件形式如信件、报告、表格等相同，但在另一些情况下，电子文件与传统纸张文件的形式显然不同，如数据库、多媒体系统、超文本文件等。这样，就给如何确定电子文件带来了困扰。

第六，信息的易逝性。传统的纸质档案在理想的环境中能够长期保存。比如现存最早的纸质公文档案——唐档，发现于甘肃敦煌石窟藏经洞内，形成于唐朝开元二年（公元714年），距今已有1300多年历史，仍然完好保存。但电子文件的载体即使在理想条件下保管，也会因为磁场、重力等因素的作用，造成数据损坏，信息流失。而且，大多数电子计算机软、硬件系统在短时间内还会更新换代，也就是说，在某一时期产生的电子文件，完全有可能在以后被更新了的计算机系统中无法读取。

因此，为了长久保管电子文件，需要不断将电子文件迁移到新的技术平台上，如将电子文件转录到新存贮载体中，或转换成适合新系统的格式。

二、电子文件作用与类型

（一）电子文件作用

电子文件在快捷性与可塑性方面具有纸质文件无可比拟的优越性。主要体现在两个方面。一是电子文件改变了我们传统的收发文件业务处理流程。利用计算机进行文件登记，可以达到一次录入，多次、多种形式的输出，方便随时查找利用，同时也为档案现代化管理奠定了基础。二是电子文件改变了传统的办公格局。以网络技术为支撑，文件的起草、修改、定稿、收发与传递都可在网上进行，尤其是文件的修改、复制、粘贴、移动更加便捷，进一步提高了工作的效率和质量，改变了文件处理和运转方式。特别是对于普发文件和传阅文件而言，可以大幅度提高文件的时效性，降低成本支出。因此，电子文件的作用，大致可归纳为以下方面。

1. 提高工作效率

电子文件具有存储密集、携带方便、制作简便、处理灵活、检索快捷、传播迅速、多元集成、生动直观等优势。借助这些优势，我们可以在键盘上写稿、在屏幕上阅稿、在网络上收发和查询文件，由此从根本上克服纸质文件的制作难、查询难、传递难，使办公手段发生质的飞跃，有利于提高管理水平和工作效率，有利于促进工作的规范化、科学化。

电子文件可以通过计算机系统对电子文件进行迅速、有效、多角度整序，可以完成文件的自动著录、自动标引、自动检索、自动统计、自动借阅，最终以磁带、磁盘、光盘等形式来存贮和保管。这不仅避免了文书部门和档案部门大量数据的重复录入，文件重复整理归档等许多重复性工作，更缩短了文件归档的运作周期。建立的文件级目录检索体系，能极大地提高档案的检索速度和查准率、查全率。不同的用户可以根据不同的需要，利用办公自动化系统对电子文件进行自由组合分类。档案管理机构也不必花费大量的人力、物力、财力来建造更多的馆库，进行装订整理等工作。

2. 有利于一体化管理

目前，电子文件与电子档案虽然仍为两个概念，但这两个概念的区分已不及纸质时代那么清楚。在电子时代，文件和档案在时间上、作用上、管理上、概念上的区别已逐渐缩小和模糊，趋同现象越来越明显。这是现代信息社会计算机化、网络化的必然产物。主要体现在以下方面。

（1）文件与档案原本就是同一事物。

（2）文件与档案之间已不再具有非常明显的时间过程与空间地域的区分。原来用以区分文件与档案的归档过程，在电子计算机和网络环境中，是一个瞬间完成的过程。这个过程非常迅速，不再是一个可以明显区分文件与档案的时间过程。同时，在网络上文件与档案的管理也已不再具有空间的区别，它们存在于同一个计算机网络空间中。

（3）电子文件与电子档案概念的一体化，有利于文档管理的一体化。

在电子化、网络化的环境中，文档管理对程序连续性有更高的要求，即要求文档管理一体化。文档管理一体化要求相应地实现两个概念的一体化。

3. 能集成多元信息

以往的文件是平面的，文字和图形在平面的纸张或其他载体上呈现出来。而电子文件是多媒体的、是立体的。运用多媒体技术可以把各种形式的信息，包括图文信息、音频信号、视频与动画图像等加以有机地立体组合，使电子文件声像并茂，真实地再现当时的活动情况，从而强化了文件对社会生活的记忆和再现功能。可以说，电子文件是一种全方位的记忆和再现，实现了文件功能的革命性变化。

4. 可实现信息共享

数字化信息使人们可以在任何时候、任何地点通过网络传递迅速获得所需要的信息。同一份文件可以在同一时刻为众多人利用，人们通过网络可以利用保存于数千里甚至上万里外的地方的文件，文档保存地点的远近不再成为制约人们利用的因素。

电子文件上传到计算机网络上之后，可以不受时间和空间限制，随时随地进行查阅和利用。纸质文件的利用受到传输条件的限制，效率很低。电子文件一旦进入网络，如果不加控制，可以迅速传输到任何网上终端。这样彻底消除了信息传播的空间障碍，真正做到天涯若比邻。然而，由于网络是一个开放的平台，容易受到黑客的攻击、病毒的侵袭、非法的入侵，从而，使电子文件的安全成为非常突出的问题。

（二）电子文件类型

由电子计算机产生并处理的电子文件有很多种类，我们可以从不同角度进行分类。

第一，按存储载体分类。按存储载体分，可分为磁盘文件、磁带文件和光盘文件。磁盘文件又可分为软盘文件和硬盘文件。

第二，按文件的内容形式分类。按电子文件的内容形式分，可分为记载文字、符号和插图的文本文件（一般电子文件）；用扫描仪及数码相机获得的图像文件；用计算机辅助设计等获得的图形文件（CAD 电子文件）；用音频设备获得的声音文件；用视频设备获得的影像文件；用多媒体技术制作的多媒体文件；各种数据库文件；操作系统文件和命令文件。

第三，按文件产生的环境分类。按文件产生的环境分，可分为一般办公室工作中产生的文件；计算机辅助设计和制造中产生的文件。

第四，按文件的属性分类。按文件的属性分，可分为普通文件、只读文件、隐含文件、加密文件、压缩文件等。

第五，按文件生成形式分类。按文件的生成形式分，可分为由计算机直接产生的电子文件、对传统文件用扫描仪和数码相机等输入设备处理后生成的电子文件。

在以上的各种对文件的分类方式中，采用比较多的分类方式是按文件的内容形式分类。对电子文件的分类是为了更好地管理电子文件。所以，我们应该根据单位工作的实际情况对电子文件进行合理分类。从长远来看，应该制定电子文件的分类标准，以便可以以统一和规范的方式，对电子文件进行科学管理和有效利用。

三、电子文件收集与鉴定

（一）电子文件收集

第一，真实性要求。收集的电子文件应真实有效，其文本文件应是最后定稿，图形文件如经更改，应将最新版本及更改记录予以归档，各种文件的草稿、定稿根据需要决定是否归档。有条件的机构应采用电子文件签署技术，以便确认电子文件的真实性。确保电子文件的真实性是电子文件反映和证实机构历史真实面貌，构成社会价值，成为社会记忆长久保存的前提。

第二，准确性要求。收集的电子文件要求准确无误，文件信息要准确地反映事实。对于文件利用者而言，不准确的信息可能导致决策失误，遭受损失。

第三，完整性要求。完整性是指电子文件的内容、结构、背景信息和元数据等无缺损。完整性是保证电子文件真实性的基础，只有确认了完整性才可以确定其真实性。对于通用软件产生的电子文件，应同时收集其软件名称、型号、版本号等相关参数和说明资料。专用软件产生的建设电子文件应转换为通用型建设电子文件。

第四，一致性要求。就目前来看，电子文件与纸质文件仍为并行阶段，因此、电子文件收集过程中就存在一个电子文件与对应纸质文件一致性的问题。电子文件收集过程中，要求与对应纸质文件在内容、相关说明及描述上完全保持一致。

第五，有效性要求。有效性也称为可用性，是指文件可以进行查找、检索、呈现或被理解，能够表明文件与形成它的业务活动和事件过程的直接关系。

电子文件收集的特殊性在于电子文件的可塑性很强，不同的环境条件对电子文件真实性、准确性、完整性和有效性都会产生影响。因此，为了避免病毒的破坏、人为的修改、强磁、高温等不利因素，必须对收集归档工作提出更加严格的要求。

（二）电子文件鉴定

电子文件的鉴定工作，是指鉴别文件的价值，确定其保管期限，并据此删除已收集积累但无保存价值的电子文件，并予以销毁。这是保证收集的电子文件真实、准确、完整、有效的基础。

为了保证收集的电子文件的真实、准确、完整、有效，收集与鉴定就需要同步进行。

1. 电子文件鉴定要注意的问题

（1）确定电子文件的原始性、真实性。电子文件的更改非常容易，而且可做到不留痕迹。电子文件从形成到归档有一段较长的时间，所以，鉴别电子文件是否就是形成时的、有效的电子文件，即确认收集的电子文件的原始性、真实性则是首要任务。

（2）鉴定和检测要相结合。电子文件是电子文件的内容、电子文件内容的记录载体和对电子文件内容显示的电子计算机软、硬件平台的组合。有了这个组合，我们才知道电子文件的内容是什么。电子文件的记录载体若有病毒、损坏，就不可能知道电子文件的内容；软件与硬件平台不一致，载体所载电子文件内容是什么也不可能知道；记录载体不能被电子计算机软、硬件平台兼容，也不会知道电子文件的内容。这些，只有通过检测才能够确认。所以，鉴定和检查、检测是联系在一起的。

2. 电子文件的鉴定内容

（1）归档电子文件的原始性、准确性、完整性。即是不是形成时的，或通过审批更改的电子文件；是不是产品定型技术状态或经过事务处理并有结果的电子文件；是不是组成完整的系统的电子文件。

（2）确定电子文件的价值和保管期限。这主要取决于电子文件内容所含信息的价值及社会对它的需要，要根据国家关于档案保管期限表确定其保管期限。

3. 电子文件鉴定方法

（1）真实性鉴定。鉴定电子文件的真实性，即确定文件的原始性。

第一，检查并依据电子文件管理系统所记载的文件形成、修改和批准时间，分析文件是不是原始的最终版本。

第二，检查文件是否按照预先确定的标准格式和模板编辑。

第三，检查电子文件管理系统中对于文件生成和管理过程的记录，分析是否有非法操作的情况发生。

第四，分析文件著录中关于迁移前后文件信息和载体的记录，检查各类电子文件中影响真实性的要素是否在迁移中发生变化。电子文件在起草时可随意增删、修改而不留痕迹，文件形成后因载体转换和格式转换又不断地改变自身的存在形式，如没有相关信息证实电子文件的内容没有发生任何变化，人们便难以确认它的原始性。所以在进行电子文件版本的鉴定时，必须认真清理，确定最后版本后，方可录入存储载体上。

（2）完整性鉴定。电子文件的完整性鉴定与传统文件的完整性鉴定有很大的不同。电子文件的完整性鉴定可以分为检查文件要素和检查要素集中手段两个方面。前者是指利用有效的技术手段，对照元数据模型，检查一份文件各个要素是否完备，包括可视的和不可视的部分；后者是指分析联系一份文件各个要素的手段是否有效，这些手段包括超级链接等。在现有技术条件下，一份文件的数据可能分布在若干台机器中，也可能以若干份文件相连接的方式而存在，鉴定时需要核实相关数据和文件是否收集齐全。电子文件的内容信息自然会受到人们的重视，而背景信息和元数据却容易被忽视，从而，造成电子文件的连续性不完整。所以，在接收进馆时，要求移交单位在移交实物的同时，还必须完整地填写支持电子档案运行的机型、运行环境、应用程序、卷标号、用户编号、口令、磁盘文件目录以及文件内容等相关信息，并做相应的应用程序的备份，以便日后的有效利用。

（3）可读性鉴定。可读性鉴定是电子文件技术鉴定的重要内容，是电子文件能够正常读出，不致丢失和差错的技术保障，尤其是对一些专业性较强的应用软件系统中产生的电子文件，更需要对其格式和性质进行专门技术鉴定。鉴定工作的内容包括检查与电子文件相配套的软件、相关电子文件、文字材料是否齐全，文件信息存储格式是否符合归档要求，核实归档或迁移时软硬件环境，以及在指定的环境平台上电子文件能否准确读出等。

第一，检查配套软件、相关电子文件（如数据比较复杂的关系型数据库的相关数据库）、文字材料是否齐全、完整。

第二，检查电子文件的信息存储格式是否符合归档要求。

第三，核实归档或迁移时的文件运行的软硬件环境、版本号是否正确。

第四，加密文件，还应检查其密码是否可靠保存。

第五，检测在指定的环境平台上能否准确读出电子文件。

（4）无病毒鉴定。即运用各种病毒检测软件检测归档文件和归档介质是否携带病毒。电脑病毒会通过各种方式和途径破坏数据和计算机系统，为此，须通过专用防杀毒软件检测电子文件和电子档案的安全性。由于杀毒软件在查杀病毒时，有可能会损坏染毒的文件或者误杀正常文件，所以杀毒操作完成后，还必须检查文件的可读性状况。

（5）介质状况检测。该项检测工作就是运用相关设备，通过演示或检测的方法对电子文件介质状况进行检查，查看其是否符合规定的形式、规格和质量要求。主要包括两个方面。

第一，介质物理性能的检测。包括软盘、光盘等介质是否清洁、表面是否光滑，有无划伤、皱褶、磨损，能否正常使用，硬盘运转是否正常。

第二，介质规格的检查。对于归档和脱机保存的介质，应检查其是否过时，是否符合现行国家标准。

第三节　城建电子档案的管理

一、电子档案概述

（一）电子档案定义

"城建档案管理是城市建设管理工作的重要组成部分，随着我国社会主义现代化建设事业的蓬勃发展和城市化水平的不断提高，城建档案的数量日益增加，其种类和载体形态日益丰富，不仅有纸质档案，而且产生了大量的电子档案。"[1]。我国传统的档案学认为，文件与档案是同一事物的两个不同发展阶段，文件是档案的前身，档案是文件的归宿。由于各国文件档案管理办法不同，不同国家对档案的定义略有区别，但有一点是基本一致的，即档案是非现行文件，档案是具有保存价值且已归档保存的文件。

所谓电子档案，是指具有参考和长期利用价值，并经过整理、归档、保管的电子文件。

---

[1]　孙妍：《城建电子档案的管理及利用》，载《黑龙江档案》2018 年第 3 期，第 79 页。

（二）电子档案标准化

电子档案的标准化，是保障档案信息化建设，促进国家档案事业健康发展的重要前提和基础。

1. 电子档案标准的制定

电子档案标准化建设同电子档案管理研究与实践相伴而行。1996年10月，国家档案局成立电子文件归档领导小组，下设OA课题研究组和CAD课题研究组，开展对电子文件归档、管理、利用、法律效力及长期保存等问题的研究。国家档案局发布了《电子公文归档管理暂行办法》《全国档案信息化建设实施纲要》等，规范和推动了电子档案管理。1999年，我国第一个电子文件管理国家标准《CAD电子文件光盘存储、归档与档案管理要求第一部分：电子文件归档与档案管理》发布。此后，相继发布了《电子文件归档与管理规范》《纸质档案数字化技术规范》和《公务电子邮件归档与管理规则》等。

2. 电子档案标准化的建设

相当数量电子档案管理标准的制定和问世，将标准化原理与工作规则植根于档案工作之中，通过制定、发布和实施标准，推动了档案信息化建设。在新的形势下，电子档案管理标准化建设呈现如下走势。

（1）建设电子文件标准化体系。电子文件管理的目标与原则、电子文件归档的内容和形式、电子文件形成、归档、保管、利用的环境与流程、电子文件管理的政策与机制等各方面标准趋于协调配套。

（2）电子政务标准与电子档案管理标准衔接。按照文件连续体理论和电子档案前端控制、全程管理思想，电子政务标准和电子档案管理标准将更加协调和互补。

（3）更加注重电子档案标准的质量建设。由于积累了制定和实施电子档案管理标准的经验，电子档案管理在当前更具广泛的实践基础，电子档案标准化工作将会在数量与质量上得到提高。

（4）电子档案标准维护将成为经常性工作。随着电子档案标准体系的建立，标准的复审、修订、废止，以及诸如"语义、限定词、编码体系"等标准维护工作将会提上重要议事日程。

（5）标准认证体系建设将提上议事日程。根据有关规定，可以设立标准认证中心等认证机构，规定认证程序，开展对基于标准的产品、服务和管理体系的认证。

（6）进一步加强人才培养与队伍建设。深入推进电子档案标准化工作，需要培养、选拔一大批既懂档案业务，又了解标准化工作原理、规则的专门人才，为标准化工作的开展及各项标准的贯彻实施，奠定更加坚实的基础。

二、电子档案的验收与移交

（一）电子档案验收与移交要求

1. 建设系统业务管理电子档案

（1）建设系统业务管理电子档案形成单位按照有关规定，定期向城建档案馆移交已归档的建设系统业务管理电子档案。

（2）对于已经向城建档案馆移交建设系统业务管理电子档案的单位，如果工作中确实需要继续保存纸质档案的，可以提出申请，适当延缓向城建档案馆移交纸质档案的时间。

2. 建设工程电子档案移交方式

电子档案的移交方式可分为在线式移交和离线式移交两种。

在线式移交是指电子档案通过计算机网络向城建档案馆移交的过程。城建档案机构可直接将电子档案的著录信息与电子文件本身转入档案管理系统中，以便其他合法用户查询。

离线式归档，是指把计算机及其网络中的电子文件集中传输至独立的或可脱机保存的载体上，向城建档案机构移交的过程。

（二）电子档案移交的意义

第一，实现信息共享，集中管理。传统的档案管理模式中，各单位的文件档案信息资源都是独立的，就如信息海洋里的一个个孤岛。把各单位的文件档案资源整合起来，集中管理，形成一个统一的利用平台，文件信息共享并不意味着实体的集中管理，各个单位的档案室、资料室仍旧发挥着保存、保管信息实体的作用。

第二，统一标准、统一规范。各单位必须依照有关部门制定的技术标准和规范，对电子文件信息进行统一管理。只有这样才能统一数据形式、统一操作规程、统一利用方式，充分发挥电子文件档案数据中心在信息管理、信息利用方面的作用，将电子文件信息的价值最大化。

第三，统一窗口，开放利用。社会公众可以对已公开的非涉密性现行档案文件信息进行网上查询，提高电子文件信息的利用率，增加政务工作透明度，发挥窗口作用，更好地为广大人民群众服务。

（三）电子档案的验收

移交城建电子档案无论采用离线方式移交还是在线方式移交，城建档案机构都应按照有关规定进行认真检验，在检验合格后方可接收，进行集中保管。城建档案机构应当配备相应的处理设备，以保证完成电子文件检验工作。归档的每套载体均应接受检验，合格率应达到100%。与纸质档案同时保存的电子档案可以采取抽样检验的方法，样本数不少于总数的20%，合格率应达到100%。移交时的检验项目包括以下几点。

第一，载体检查（针对离线式移交）。对电子档案载体要进行有效的检测与维护。电子档案载体，特别是磁性载体，极易受到保存环境的影响。因此，对进馆的电子档案载体，必须进行全面检测，以确保电子档案信息的可靠性。检测时，首先进行外观检查，确认载体表面是否有物理损坏或变形，外表涂层是否清洁及有无霉斑出现等。然后进行逻辑检测，采用专用或自行编制检测软件对载体上的信息进行读写校验。通过检测发现有出错的载体，要进行有效的修正或更新。原载体继续保留的时间不少于4年。对于电子档案的检测与维护，必须进行严格管理，因为任何一次误操作，都可能使保存的电子档案遭到人为损害，甚至造成难以弥补的损失。必须建立相应的维护管理档案，对电子档案的检测、维护、拷贝等操作过程进行记录，避免发生人为的误操作或不必要的重复劳动。

第二，安全性检查。这里安全性检查的对象是各种计算机病毒。根据《中华人民共和国计算机信息系统安全保护条例》的定义，计算机病毒是指编制者在计算机程序中插入的破坏计算机功能或者破坏数据，影响计算机使用并且能够自我复制的一组计算机指令或者程序代码。计算机病毒可能损坏或删除计算机上的数据、使用电子邮件程序向其他计算机传播病毒，或者甚至删除硬盘上的所有内容。一个小小的病毒就可能会使整个计算机系统和网络系统处于瘫痪状态，造成巨大的经济损失。

第三，核实电子档案的完整性和有效性。单个电子文件完整性认定：内容、背景、结构等信息完整性查验。电子文件生命周期表项目完整性检验。电子文件集合完整性查验（电子文件与登记表是否吻合）。

第四，核实登记表、软件、说明材料等是否齐全。检验完毕后，应将检验结果填入电子档案入库登记表。检验不合格的，应退回形成单位，重新制作。

城建档案机构应按照要求及检验项目对归档电子文件逐一验收，在确认归档文件的技术状况合格、相关材料齐全后，检验结果分别由移交单位、接收单位填入"城建电子文件移交、接收登记表"签字、盖章，登记表一式两份，一份交电子文件形成单位，一份由档案机构自存，以备查考。

三、电子档案的安全管理

城建电子档案的安全管理是一项极其重要而复杂的工作。在对电子档案的保存与维护过程中，应该充分考虑环境、设备、技术、人员及电子档案的特点等综合因素来制订技术方案和工作模式，并采取积极有效的措施，以确保电子档案的长期安全稳定，使其能一直处于可准确提供利用的状态，随时为城建工作提供档案信息服务。

（一）电子档案安全概述

1. 电子档案安全含义

（1）要保证电子档案载体物理上的安全。一般情况下，电子档案是以脱机方式存储在磁、光介质上，所以，要建立一个适合于磁、光介质保存的环境，诸如温湿度的控制，存放载体的柜、架及库房应达到有关标准的要求，载体应直立排放，并满足避光、防尘、防变形的要求，远离强磁场和有害气体等。

（2）要保证电子档案内容逻辑上的准确。电子档案的内容是以数码形式存储于各种载体上的，在以后的利用中，必须依赖于电子计算机软硬件平台将电子档案的内容，还原成人们能够直接阅读的格式进行显示，这对于电子档案而言是一个较为复杂的过程。由于电子档案来自各个方面，往往是在不同的电子计算机系统上形成的，且在内容的格式编排上也不尽一致，这种在技术和形式上的差异，必然导致在以后还原时，所采用的技术与方法有所不同。而电子档案在形成时所依赖的技术，往往已成为过时的技术，这是科技进步所带来的必然结果。因此，除对电子档案本身进行安全保管外，还必须对其所依赖的技术及数据结构和相关定义参数等加以保存，或采取其他有效方法和相关的技术措施加以转换。

（3）要保证电子档案的原始性。对于一些较为特殊的电子档案，必须以原始形成的格式进行还原显示。可采用以下三种方法：一是保存电子档案相关支持软件，即在保存电子档案的同时，将与电子档案相关的软件及整个应用系统一并保存，并与电子档案存储在一起，恢复时，使之按本来的面目进行显示；二是保有原始档案的电子图像；三是保存电子档案的打印输出件或制成缩微品，这是最为稳妥的永久保存方法。

（4）要保证电子档案的可理解性。对一份电子档案的内容来说，常常有不被人完全理解的情况。为了使人们能够完全理解一份电子档案，就需要保存与档案内容相关的信息。这些信息应包括：元数据；物理结构与逻辑结构的关系；相关的电子档案名称、存储位置及相互关系；与电子档案内容相关的背景信息等。

2. 电子档案安全管理特点

电子档案文件损毁、丢失信息的风险远大于普通纸质档案文件，因此，对电子档案的安全保管是非常复杂的，主要表现在以下方面。

（1）电子档案的安全管理要贯穿于电子文件的整个生命周期。电子文件具有非实体性、不稳定性与对载体、运行环境的依赖性等特征，这迫使档案工作者要把注意力从它本身转向它的过程。因为在其形成、运动的整个过程，每个环节都存在着损坏、丢失的风险，所以在电子档案的保管上，除了保存电子档案的载体之外，更要注意保护它的可用性、可存取性和可理解性，以及保证电子档案的原始性、真实性和完整性。因此，从电子文件的生命周期之初，就应充分注意到电子档案的各项管理标准、法规、安全技术和制度的建立，以防有长期保存价值的电子文件在形成、使用、归档和后来的维护过程中遭受损失。其中有关保存和归档的要求，应在电子文件的设计阶段就提出，随后的一切相应措施，均应在电子文件的形成和使用阶段采取。

（2）电子档案的安全是支撑环境、载体和内容安全的复合。电子档案保护的复杂性还表现在它不像纸质档案那样，主要是对载体与字迹材料的保护，而是包括对电子档案载体和软硬件环境进行检测、检查与维护；对文件格式的更新与维护；对从网络上逻辑归档的电子档案安全性的维护等多方面的考虑。

（3）电子档案的安全要依赖于许多相关参数。电子档案存储格式的变化以及背景信息、上下文关系、元数据的丢失等，会使其长久存取面临威胁。因此除了电子档案本身信息之外，还要保护好其相关信息。

（4）电子档案的安全管理是一项复杂的技术工程。当使用特定的技术和设备，将具有长期保存价值的信息记录于存储载体后，任何电子档案就永远离不开这种技术和设备而单独存在。人们只有采用这种记录档案内容的技术和设备，进行逆处理还原、输出，才能识别它的原本内容。电子档案内容和记录它的载体随时随地都可分离，电子档案的内容不变，其结构形式也可发生变化。因此，电子档案的长期保存，需要有不断更新的技术和措施做保障。这一切都要依靠一定的技术条件来实现。因此，将电子档案的保护视为一项复杂的技术工程，一点都不为过。

（二）电子档案管理的系统安全

从系统测试的原理来看，系统测试不能无穷无尽地进行，并且整个测试过程并不能够把程序中的所有错误都检查出来，在系统运行过程中仍会发现软件方面的错误，因此必须随时进行相应的完善和升级。

电子档案软件系统安全维护的内容一般有以下方面。

第一，纠错性维护。诊断和修正系统遗留的错误。

第二，适应性维护。为了使系统适应环境的变化而进行的维护工作。如代码改变、数据结构变化、数据格式以及输入输出方式的变化、数据存储介质的变化等，都将直接影响系统的正常工作。因此，有必要对系统进行调整，使之适应应用对象的变化，以满足用户的要求。

第三，完善性维护。扩充原有系统的功能，增加一些在软件需求规范书中没有规定的功能与性能特征，以及对处理效率和编写程序的改进。

第四，预防性维护。系统维护工作不应总是被动地等待用户提出要求后才进行，而是应进行主动的预防性维护，即选择那些还有较长使用寿命，目前尚能正常运行，但可能将要发生变化或调整的系统进行维护。目的是通过预防性维护，为未来的修改与调整奠定更好的基础。例如将目前尚能应用的报表功能改成通用报表生成功能，以应付今后报表内容和格式可能的变化。

（三）电子档案载体的安全

1. 磁带维护

磁带由于其容量大、价格低的特点，在数据备份、信息交换等方面起着重要作用。正确使用和保存磁带，能有效地延长其使用寿命。

控制好温湿度。防止高温、高湿或低温、低湿对软盘（磁带）的不利影响；防止出现温湿度的急剧变化，24h 内温度变化不得超过±3℃，相对湿度变化不得超过±5%。若使用过程中温度、湿度相差较大，要在适当环境中平衡后才能使用。

防止外磁场的影响。磁带在保存和使用过程中，必须远离强磁场。重要的档案文件应放在金属盒内保存。另外，还要注意防止因静电作用，导致磁性载体的数据信息丢失。

在理想的温湿度环境中（温度为 18±2℃，湿度为 40±5%），磁带应每隔 3～5 年倒带一次。若不能保持上述温湿度，倒带间隙应视保存环境不同而相应缩短。

2. 硬盘维护

减少震动冲击，防止磁场影响。硬盘驱动器应平稳固定好，否则，一旦执行读写操作时发生震动，磁头易划伤盘片的数据区，造成盘片上的信息读写错误。另外，尽可能使硬盘驱动器远离强磁场（如音箱、电台、电机等），以避免磁盘里的数据遭到破坏。

做好微机硬盘分区表、主引导扇区以及 CMOS 参数的备份工作，以备系统崩溃时能有效地找回已存储的档案文件。定期对微机进行病毒检查和系统维护工作，使存储在微机硬盘中的档案文件，处于一个相对安全且易于整理的环境。

3. 光盘维护

控制好温湿度，防止不适宜的温湿度对光盘载体造成危害。保持清洁，防止有害气体与灰尘对光盘的破坏。使用时不能用手直接接触盘片的信息区，使用后应放在光盘盒中储存，避免长时间暴露在空气中遭受灰尘、有害物质的侵蚀。保存光盘还应注意防止强光

（特别是紫外光）和静电的危害。

（四）电子档案内容的安全

电子档案内容的安全有以下方面。

1. 内容的原始性

电子档案内容的安全性保护应该从电子文件形成阶段开始，只有保证从电子文件的制作开始，一直到归档的整个过程中，电子文件的内容不被篡改、破坏、盗窃和丢失，才能保证电子档案内容的安全。

（1）建立安全管理制度。电子档案安全管理制度要体现"责任分散原则"，即电子文件的制作过程要责任分散，在工作人员数量和素质允许的情况下，不要集中赋予一个人全部的与安全有关的职责。一般来说，不相关人员不能进入他人的责任范围，工作需要时可允许用只读的方式调阅，以防由于误操作或者有意增删改等原因造成电子文件的失真。

（2）建立电子文件运动过程自动管理系统。为确保电子档案在运动过程中的安全，电子文件管理系统一般应具备下列三个功能模块：一是文件形成、采集、积累者的姓名，职责范围和形成、采集、积累过程记录模块；二是电子文件的归档范围、归档内容、归档时间、归档要求记录模块；三是电子文件运动全过程中产生的人员操作信息、相关文件、背景信息和元数据等的记录模块。

（3）加强对管理人员的法制教育，树立遵纪守法和保密观念，不断地提高管理人员的自觉性和责任心。

2. 内容的真实性

真实性保护在对电子文件的迁移操作中，要确认组织产生的每一类文件中哪些组成要素能确保文件长期的真实性；评估能否将文件中用户不可视的部分变成可视的，使可视性得到固定；对文件的迁移要采取自我认证与自我记录的办法和不间断的物理管理。

3. 内容的完整性

电子文档是内容、背景与结构三要素的统一，数字档案馆电子文档的完整性就是要维护这个统一体，三要素缺一不可。因此，数字档案馆在接收立档单位移交来的电子文件时，除采集电子文件内容本身信息外，还应注意采集电子文件的元数据。电子文件的背景信息常常与内容信息分离保存，如果数字档案馆接收的电子文件缺少背景信息，则会影响电子文件的凭证作用或价值；电子文件结构方面的信息如格式、字型、字体、数据描述、系统平台和软件等，一旦丢失或遭到破坏，则电子文件的原始形态就会改变，甚至失去可读性。

4. 内容的可读性

由于计算机技术的不断升级换代，为了保证电子档案的长期可读性，一方面，在必要的时候需要对电子档案的结构、格式进行调整、升级，以不断地适应自身的"生存环境"；

另一方面，电子档案归档前，应尽可能使用通用格式进行保存。而对于一些特殊档案，需要以原始形成时的格式保存的，应同时归档其支撑软件系统。

（五）电子档案的安全管理体系

电子档案信息的安全，仅仅从技术层面进行防范是不够的，还需要从法律规范、组织领导、管理制度、人员管理等方面，全面加强档案馆的安全防范，从而共同构成档案机构的安全保障体系。

1. 加快网络信息安全的法规建设

随着网络技术的飞速发展，网络信息资源正日益成为世界经济和社会发展的重要资源，但与之相伴而来的是，由于网络的国际化、社会化、开放化、个人化的特点，使其随时随地都可受到任何人的攻击，从而使网络信息的安全成为一个十分突出的问题。必须加快网络信息安全立法的步伐，加大对信息犯罪活动的打击力度，为包括数字档案馆在内的网络信息系统的健康发展提供良好的法制环境。

2. 设立信息安全保障部门

安全保障部门或者组织的设立应当由城建档案馆主要领导直接管理，其任务是编制、实施网络信息安全意识的培养与教育计划，制定、检查和落实各种信息安全管理制度，经常进行信息安全检查与审计，定期评估档案馆系统的安全性（危险性）并对发现的问题提出改进意见，制定城建档案馆在发生灾难性事件时的应急预案。

3. 建立健全档案馆的管理制度

管理制度是城建档案馆日常安全工作应遵守的行为规范。健全的规章制度是城建档案馆安全管理有效实施的保障。在档案馆内，其制度体系主要由以下部分组成：

（1）系统运行维护管理制度，包括设备管理维护制度、软件维护制度、用户管理制度、密钥管理制度以及各种操作规程等。

（2）计算机处理控制管理制度，包括编制及控制数据处理流程、程序软件和数据的管理、"三网"之间数据的复制移植和存储介质的管理、通信网络系统的管理等。

（3）技术文档管理制度，即对档案馆的硬件和软件系统的说明书、技术手册等材料及网络通信线路布局图等进行妥善保管和严格控制。

（4）操作和管理人员制度，包括系统管理员、软件开发与维护人员、硬件维护人员、数据加工录入人员等各类人员的岗位分工制度、权限划分制度、合法操作制度、异常情况报告制度、人员引进和调离制度以及教育培训制度等。

（5）机房安全管理制度，包括机房出入管理制度、机房安全防范制度、机房卫生管理制度、机房运行操作管理制度等。

（6）定期检查与监督制度，包括对系统安全运行的定期检查、对各项规章制度的落实情况的定期检查、对制度执行情况和人员工作情况的监督等。此外，还应根据实际情况制定病毒防治管理制度、对外交流安全维护制度、对外合作制度等。

四、城建电子档案的利用

（一）电子档案利用概念与特点

1. 电子档案利用概念

电子档案的利用与纸质档案相比，显著不同的是更快捷、更方便。但这必须建立在电子档案所依赖的技术上，且必须满足必要的先决条件和采取相应的管理措施才能够实现。对档案机构来说，电子档案提供利用一般有以下三种方法。

（1）提供拷贝。档案机构向利用者提供载体拷贝时，应将文件转换成通用标准文档存储格式，由利用者自行解决恢复和显示的软硬件平台。当利用者不具备利用电子文件的软硬件平台时，也可以向这些用户提供打印件或缩微品。

（2）通信传输。即用网络传输电子档案。这一方法比较适合馆际之间的信息资源互相交流及向相对固定的查档单位提供档案资料，可以通过点对点转换数字通信或互联网络来实现。

（3）直接利用。它是利用档案机构或另一检索机构的电脑，在档案机构的网络上直接查询的一种方法。其特点是：可为利用者提供技术支援；同通信传输相比减少了大量的管理工作；可以使更多的读者同时利用同一份电子档案。

2. 电子档案利用特点

（1）良好的共享性。电子文件不再受"孤本"的限制，一份文件可以被所有需要它的人共享。信息技术轻而易举地解决了"多人同时用一档"的问题。如果需要的话，一份文件不仅可以在档案馆内所有的终端上同时显示，当文件进入网络时，还可以在所有与网络相连接的计算机上查阅，一份文件如同有了无数个副本。

（2）良好的复用性。一份电子文件无论多少次在计算机屏幕上被显示，或多少次被打印在纸上，都不会使它的信息受到任何损失和改变，重复利用不会在它身上留下老化、磨损的痕迹。正当的利用活动不会损坏电子档案，不会破坏电子文件信息的完整性和清晰度。重复利用虽然对电子档案的载体也会产生一定的影响，但这种影响与重复利用对纸质档案的影响相比，要小得多。特别是电子档案的载体可以通过信息转移、拷贝等被替代，这种信息与载体之间的可分离性，使电子档案重复利用可以达到没有穷尽的地步。

（3）良好的交互性。利用者在阅读过程中可以随着思维活动随时提出新的要求，而计算机会立即按照你的要求（命令）把相关文件调入显示屏。特别是超文本文件可以将许多相关的文件、图像、数据连接起来，任凭利用者调阅，一份文件产生了特定范围信息网的连接站，可以把利用者需要的信息随手牵来。

（4）运用的灵活性。电子文件的可操作性使利用者可以灵活使用它们，让它们为自己的各种需要服务。利用者可以利用计算机对文件中的信息进行分类、统计、汇总、打印，将这些信息转换成自己需要的形式。档案工作人员可以根据一定专题对电子档案进行编辑，形成特定内容的信息专辑，满足利用者的各种需求。这样一来，一份电子档案可能比相同内容的纸质文件向利用者提供的信息更为灵活，更加方便利用者的使用。

（5）超地域限制性。电子文件可以通过计算机网络进行远距离传输，使异地利用成为现实。超地域性的信息传播可以使利用活动更为方便和普及。它不仅消除了档案数量对利用者人数的限制，而且消除了利用者与信息之间的距离。单纯从技术上讲，利用者不用到档案馆和档案室来，在任何一个地方的一台联网的计算机上就可以利用数字档案馆内的开放文件。这不仅免去了利用者的奔波之劳，更大的优越性在于它给予利用者更多地利用档案的可能，从而使人们有兴趣更多地了解档案，有问题能够想到档案，愿意利用档案，使档案真正成为人民大众的文化财富。在这个意义上，我们完全有理由相信，电子文件时代的到来，将会使档案的利用得到进一步的普及。

（6）超时间限制性。网络时代的电子文件可以使利用者不受时间的限制，随时使用自己需要的文件。

（7）更加突出的安全问题。在电子化时代，无论是在线利用还是非在线利用，电子文件的安全保密问题都显得更为突出。特别是在在线利用的情况下，网上城建档案馆的电子档案安全保密问题是我们将要面临的重大的棘手的问题。在西方发达国家，国家核心机密文件被计算机黑客窃取的事例已经很多。如果我们在技术上不能很好地解决这一问题，那么，它将成为城建电子档案在线利用的一个严重障碍。

总之，电子档案的利用方式，应视利用者的情况而定，不能无原则地向所有利用者提供全部利用方式，应依据电子档案内容的密级层次，进行有效的管理。一般情况下，对于内容不是完全开放的电子档案，不宜用拷贝的方式提供利用，对于提供拷贝的制作，必须在有效监控下进行。采用通信传输或直接利用等利用方式时，对有密级的信息内容要进行加密处理，并对所使用的密钥进行定期或不定期的更换。系统应对档案利用的全过程进行有效的跟踪监控，并自动进行相关记录，作为对利用工作查证的依据。

（二）城建电子档案利用的法律问题

城建电子档案的利用给我们带来很多便利的同时，也带来了新的法律问题，主要反映在以下两个方面。

1. 电子档案公开利用和电子档案保密问题

随着社会信息化的发展，档案信息资源网络的建成对档案的保密工作是个挑战。档案信息具有一定的机密性，在网上开发利用必须有必要限制，要遵守有关法律、法规。网络档案信息的利用受时效与密级的限制，单位和个人应根据授权限度查阅网页所提供的档案信息。利用计算机信息网络、电子出版物和通过媒介公开档案内容、档案复印件或部分档案记载的内容，不得泄露国家机密和侵犯公民的合法权益；对不同密级的档案作品的使用，受国家保密法、信息安全法规约束，只有那些已解除密级向社会开放的档案，才允许公民利用。

国家赋予公民享有了解、获取、存储、开发利用档案的权利，因此，档案法律法规应承担两方面的职能：既要保护档案财富的完整与完全，又要保障公民档案利用权的实现。档案机构应遵照《中华人民共和国档案法实施办法》（以下简称《档案法实施办法》）第二十条关于档案公布的期限，及时公布开放档案的内容。属于开放利用的档案，档案馆在接待外国人、港澳同胞查阅利用档案时，实行公平待遇原则。

2. 电子档案利用的知识产权问题

《档案法实施办法》第二十六条规定：利用、公布档案，不得违反国家有关知识产权保护的法律规定。因此，档案部门在利用公布档案时，应依法做好档案的利用和公布工作。著作权法把档案知识产权保护完全纳入了法制化轨道，强化了档案知识产权的法律保护作用。根据法律规定，档案馆在利用、公布具有著作权的档案时，应征得该档案著作权人的同意，并向其支付报酬，否则就是侵权，应该承担相应的法律责任。但是，档案利用中，忽视知识产权保护的情况时有发生。在编研工作中，忽略了在编研成果中需要指明作者姓名、作品名称。有的档案馆在利用、公布具有著作权的档案时，没有征得该档案著作权人的同意，也不向其支付报酬等。2001年10月，修改后的《中华人民共和国著作权法》，增加了信息网络传播权，明确了把作品上网是著作权人的权利。因此，随着档案机构改革开放的深入，随着档案寄存、托管业务的开展，个体私营企业档案的进馆，我国各级各类档案馆馆藏档案的所有权问题变得复杂起来，必须注意将档案的利用权与档案的所有权相分离，将档案的利用权与档案的著作权相分离，切实维护档案形成机关或著作权人的合法利益。

档案行政管理部门应当在深入调查研究的基础上，遵循法制统一的原则，认真清理和修改档案法规及规范性文件。要使档案法规日益体系化，内容涵盖更为全面，并增强可操作性，更好地适应新形势，积极探索社会主义市场经济条件下全面履行城建档案工作职能的新思路、新对策，逐步解决档案工作中一些深层次的矛盾和问题。长期以来，档案机构主要是根据《档案法》和《档案法实施办法》中的一些法律条款指导档案利用工作，但对档案的利用、开发中的档案形成者、档案利用者和档案馆的权利和义务关系，以及本办法与其他知识产权法律关系如何处理等，缺乏具体的可操作的依据和规定。这在一定程度上影响档案利用的广度与深度，因此，必须尽快做好完善档案利用法规体系的工作。我国有多项法律法规对信息人及信息活动实施法律保障与制约，在知识产权和档案信息利用安全方面的法律建设尤为迅速并具有针对性，如《商标法》《专利法》《档案法》《保守国家秘密法》《著作权法》《促进科技进步成果转化法》等，这些基本法律法规制度将对档案信息利用工作发挥重要的制约和指导作用。

（三）电子档案利用的安全防范问题

电子档案利用中的安全防范问题其实质就是网络的安全防范问题。所谓的网络安全，就是为防范能被利用或用来对数据进行未授权访问而采取的相应措施。

1. 电子档案利用的网络的不安全性主要来源

（1）物理上的不安全性，如硬件设备的损坏和遗失等。

（2）线缆连接的不安全性，如网络监听、非法接入等。

（3）身份鉴别的不安全性，如口令圈套、口令破解等。

（4）程序上的不安全性，如病毒、代码炸弹、特洛伊木马等。

（5）系统漏洞造成的不安全性，如乘虚而入、配置和初始化等。

（6）网络黑客的攻击等。

2. 实现网络安全防范须采取的主要措施

（1）修复操作系统漏洞，堵住后门。主要的方法是安装补丁程序、升级系统、手工修补等。

（2）制定网络安全传输协议，如安全超文本传输协议、安全会话层协议等。

（3）信息加密及密码技术。

（4）网络防火墙技术，防火墙通过监测，限制和更改穿越它的数据流，从而实现网络的安全防范与保护。

（5）采用实时监测等具体方法，防范特洛伊木马、炸弹和网络病毒。

（6）监视端口状态和更改端口。

网络安全方面涉及的问题还有很多。但是，可以在技术允许的范围内尽量杜绝一切认为可能引起的不安全因素，加强安全防范意识和安全防范工作，切实保证网络的安全与可靠。

第六章 城建档案管理的创新视角探索 ◀◀◀◀◀◀◀

第一节 城建档案管理的问题及优化对策

一、城建档案管理的问题

"城建档案管理与城市的建设和规划工作息息相关，能起到为城市发展提供重要推动力的作用。"① 城建档案管理实际上是指城市在规划、建设和管理过程当中所形成的档案资料，包括文字、图纸、表格、音像等多种载体形式，对于国家和社会而言，都具有极其重要的保存价值和应用价值。随着城市发展进程的飞速推进，城建档案管理活动与当前的经济效益和社会效益密切相关，具有极高的科学研究含量，因此加强城建档案管理的实效性具有极为重要的积极意义。

就当前城建档案管理现状而言，存在发展不平衡的问题。首先，在档案管理理念层面存在一定的误区，许多部门及人员认为档案管理工作仅为档案资料的收集和管理，对于其应用价值并没有深刻的认识，认为这项工作对于城市建设而言无法带来直接的经济效益。在这样的思想指导下，会直接导致对于档案管理工作的资金投入和人员配备存在一定的欠缺，工作开展无法得到有效的配合，而这正是影响档案管理工作长效发展的关键所在。其次，在城建档案管理技术运用层面，对于数字化档案管理的技术应用缺乏相应的重视。计算机管理系统及档案编码管理技术并未在全国范围内实现大范围的普及和推广，这对于城建档案管理的高效管理也是极为不利的。最后，城市之间的档案管理发展现状存在一定的不平衡。针对部分重点城市而言，其档案管理发展体系较为完善，资金投入较为充足，目前已建设了相应的档案馆等机构且具备明显的管理特色，但对于部分中小型城市而言还并未设立完善的档案馆。为了更好地推动我国城建档案管理事业的长效发展，这需要立足于当前的现状，从问题中探索优化的策略和创新的方向，进而推动档案管理事业的长远发展。

---

① 薛光：《论城建档案管理工作中的问题及对策》，载《办公室业务》2018年第1期，第108页。

二、城建档案管理的优化对策

第一，加强档案管理理念的更新和优化。城建档案涵盖了在城市建设发展进程当中所涉及的一系列资料信息，这对于当前及未来城市发展而言能起到极为重要的决策支持和信息挖掘的作用，因此加强城建档案管理至关重要。但对于当前管理现状而言，依然对此项工作存在片面化的认识，以至于城建档案管理建设浮于表面。为了改善这一现状，这需要从根本层面上加强档案管理理念的更新和优化，将城建档案管理工作纳入城市发展建设规划工作体系的考核目标之中，在各级政府管理机构层面设置严格的监督环节和执行程序，借鉴国内外优秀档案管理工作的开展案例和通用标准，对城建档案工作的各个环节和流程进行规范，对档案收集对象的类型、层次和结构进行明确界定，统一相关的分类以及技术运用标准，保障各级城建档案管理工作的高效进行。另外在更新先进管理理念的基础之上，还需要相关职能部门加大经济投入和软硬件支持，完善档案管理工作的环境，同时建设各城市之间的个性化城建档案管理品牌特色，真正激发城建档案管理工作的内在活力。

第二，重视城建档案的信息化建设。在当前新时代背景下，随着信息科学技术的飞速更新，这对于城建档案管理工作而言也带来了创新发展的有效契机。相较于传统城建档案管理工作注重于纸质档案及实体档案等方面而言，未来档案管理工作将更加注重信息化建设的发展，这不仅仅是实体档案的电子化和网络化的过程，还需要将信息化工作理念纳入档案管理工作全过程当中。在当前办公自动化的背景之下，各级城建部门在工作开展过程当中产生了大量的电子文件，例如部分工程图纸等资料以数字化的形式进行运用。随着社会发展信息化趋势的日益增强，这对于城建档案管理工作发展也提出了更高的要求，需要进一步发挥城建档案的资料统计和决策依据等功能作用，甚至在某种程度上还会实现档案资料的共享。为了实现这一管理目标，首先，需要建立完善的城建档案信息管理系统平台，运用适宜的管理技术，统一相关的业务规范和技术标准，建立全面的城建档案信息目录，在此基础上运用优化算法，增强档案管理电子文件的深度挖掘作用。另外，还需要注意的是城建档案信息化工作的网络安全问题，在日常管理过程当中需要不断地加强对数据库安全管理的重视程度，以避免不必要的外部攻击所造成的工作损耗。

第三，配备高素质的专业化档案管理人才队伍。在城建档案管理工作的长效发展进程当中，如果说制度是基本的保障，人才队伍则是重要的推动力量。为了更好地增强城建档案管理工作的实效性，需要配备高素质的专业化人才队伍。首先需要进一步提高人才准入机制，在人才招募的过程当中对于其专业背景和工作经验进行严格的考察，以保障人员队伍的专业性。其次，在机构内部需要完善人才培训相关机制，做好入职培训工作，另外，还需要定期开展知识讲座和技术交流等活动，引导员工建立终身学习意识，不断更新自身的知识结构及知识储备，能够更好地适应信息化时代的创新发展。另外，还需要完善相应的人才激励机制，对于优秀人才进行精神和物质上的鼓励，打通职业发展成长通路，以更好地在单位内部发挥榜样力量，从而构建一支极具向心力的高素质档案管理专业人才队伍。

第二节　城建档案管理信息化建设思考

"信息化时代对城建档案管理工作提出了新要求，加强信息网络建设，搞好网络化服务，全面推进城建档案信息化尤其重要，积极探索档案信息数字化新途径是应对城建档案信息化建设的应有之义。"① 城建档案管理的信息化建设能够提高工作人员的工作效率和质量，优化其档案管理方式，能很好地支持各项科研工作，从而有效推进城市化发展的进程。但是城建档案信息化管理的工作模式还有待完善，所以相关管理人员和工作人员应该积极完善档案信息化管理体系和监督体系，引进更多先进的硬件设施、软件设备，建立健全管理队伍，并且加强安全管理力度，使得城建档案能够更好地服务于城市。

一、信息化建设的必要性

第一，有效提升档案管理人员的工作效率和质量。在传统的纸质城建档案管理中，当工作人员查找某一信息时，档案管理人员需要查询很多档案，任务繁重，工作量也比较大，从而给管理人员带来了很多工作负担。但是城建档案的信息化管理能很好地解决以上出现的问题，能够摆脱纸质档案管理模式的束缚，将档案的相关信息上传到网络上，当工作人员查询信息时，可以通过查找、扫描等来寻找自己想要的信息，这就为工作人员提供了极大的工作便利，也能使他们的工作效率有所提升，从而为相关单位节省了很多人力、物力、财力等资源。

第二，优化城建档案管理方式。城建档案信息化管理系统能够很好地完善档案管理工作，如使城建档案逐渐面向大众，加强大众对档案管理的监督力度，从而使档案的各项工作能够正常进行。信息化建设能够优化城建档案管理方式，使其更加科学、合理。

第二，保证科研工作能够高效完成。当进行科研活动时，其科技城建档案成了主要参考依据。城建档案的信息化管理能够很好地完善档案内容，保证其内容的正确性，也方便了管理人员的整理、查询等工作，所以科技档案信息化的管理效率和质量均有所提升，有

---

① 陈寰：《城建档案信息化建设思考》，载《科技与企业》2012 年第 12 期，第 20 页。

效提高了科研项目对该科技档案的利用效率，从而对科研工作起到了促进作用。

二、信息化建设存在的问题

第一，其硬件设施和软件设施有待完善。在城建档案管理信息化建设过程中，其档案馆所拥有的硬件设施不完善，软件建设水平也不高，这就使城建档案的信息化管理系统存在落后性，不利于信息化系统在档案管理中作用的发挥。如城建档案中包含着很多图片、视频、文字等信息，而其信息处理水平并不高，软件建设还不完善，这就导致城建档案的信息得不到很好的整理、储存，影响到城建档案的管理效率，使得城建档案不能很好地为城市的建设与发展贡献力量。

第二，城建档案信息化建设过程中的管理体系和监督体系还不完善，监管力度也不高。我们知道，城建档案的信息化管理大大方便了工作人员的工作，也能够提高档案管理的效率和质量。但是城建档案信息化建设过程中的管理体系并不完善，这就使得很多工作缺乏一个正确、稳定的管理指标，容易导致档案管理工作混乱，也不能使工作人员的行为得到约束，做不到有规可依、违规必究，从而影响档案管理的工作效果。并且城建档案信息化的监督体系也不完善，其监督力度不高，使得档案管理在信息化建设过程中缺乏实时的监管，影响其管理工作的准确性，并且让一些工作人员抓住监管力度不强这一漏洞，不认真完成自己的工作任务，不利于档案管理工作的正常进行。

第三，其安全保密性较差。城建档案管理的信息化建设能够使档案很好地摆脱传统纸质形式的束缚，可以将档案信息上传到电脑上，大大方便了工作人员的信息查看。电子城建档案的安全保密性比较差，这是因为一个网络终端设备能够获取相关的档案信息，可以将档案信息发送到不同的网络终端上，这就给城建档案管理带来了一定的安全隐患，也给了一些不法人员可乘之机，使得城市的相关信息泄露出去，不利于城市的进一步建设。并且相关管理部门对电子城建档案的安全管理力度不大，相关安全管理体系也不完善，这就导致了档案信息化管理安全保密性差的结果。

三、加强信息化建设的对策

第一，加强对城建档案信息化管理硬件设施和软件设施的建设。为了加强城建档案信息化管理硬件设施的建设，可以对档案馆舍进行合理的改造，提高馆舍的安全性，也可以在档案馆舍中配备相应的消毒设备和空气净化设备，使档案信息得到更好的保存。为了提高城建档案信息化管理的软件建设水平，需要做到两点：其一，完善档案信息的网络建设，相关工作人员应以网络为基础，加强其信息化的软件基础建设，从而使其软件建设水平有所提高；其二，提高其信息处理水平，使档案信息得到很好的管理、储存。一方面，企业应该从信息化时代的要求出发，不断按照现代档案管理信息化的相关标准，提高企业档案管理的安全性、完整性、效果性；另一方面，企业应该完善相关的档案管理监管制度，明确岗位负责制度，对于档案管理中存在的问题第一时间进行解决，降低其在问题中造成的不良影响。例如，中石油集团在企业档案信息化规章与标准的制定方面取得了不错的成绩。该公司严格落实国家制定的相关档案保密制度，在此基础上，结合公司自身的档案管理需要，对档案的登记制度、查阅制度等方面都进行了更加明确的制定，除此之外，还对电子档案的相关系统进行升级与完善，最大限度地提升档案管理的安全性，该公司在档案信息化规章与标准层面的有益经验值得推广与借鉴。

第二，重视企业档案信息化人才建设。目前，在我国企业档案管理信息化建设过程当中，影响其建设效果与水平的主要因素是人才的缺乏，因此，企业应该从档案信息化建设的长远发展角度出发，不断加大对企业档案管理信息化建设人才的引进力度：一方面，通过提供优良的条件来吸引档案管理信息化专业人才的加入，企业可以积极与高校进行战略合作，根据企业档案管理信息化建设的需要实施"订单式"人才培养策略，为企业今后档案管理信息化水平的提升提供必要的人力资源支持；另一方面，通过搭建良好的信息化人才管理平台，引导广大企业档案信息化人才，发挥自己的聪明才智，为企业档案管理信息化水平的提高做出贡献。总之，在今后的现代企业档案管理信息化建设过程当中，应该不断从观念层面、科学规划方面、法律规章与标准制定方面以及人才建设方面进行系统的改进与提升，只有这样，今后的现代企业档案管理信息化建设才会不断朝着科学化方向发展。

第三，完善档案管理信息化建设的管理体系和监督体系，加强监管力度。为了完善档案管理信息化建设的管理体系和监督体系，要参考相关工作人员的意见，从而使管理体系和监督体系能够很好地应用于工作中。并且为了加强档案管理信息化建设的相关监管力度，管理人员可以采取奖惩制度，如对于严格执行监督工作的人员实行一定的精神或物质奖励，反之，对于不严格执行监督工作且出现一定工作失误的工作人员则实施一些惩罚措施，从而有效地提高了工作人员的监督积极性，营造良好的监督氛围，从而有利于档案管理信息化建设过程的正常进行。

第四，加强对档案管理信息化建设的安全管理力度。在城建档案信息化管理过程中，为了抵御黑客、病毒等的侵袭，加强杀毒软件的设置非常必要，这样能很好地避免因黑客入侵而使档案馆的珍贵信息泄露的现象的发生。并且城建档案的相关管理单位应该加强对档案的管理力度，完善其安全管理机制，并且为档案馆配备先进的消防设施、防盗设施等，从而使档案信息化管理工作能够正常进行下去，避免了很多事故的发生。

第三节　城建档案管理数字化建设实施

"在新时代背景下，城建档案管理压力不断增大，需要利用先进科技实施城建档案数字化建设。"[1] 城建档案资料是城市由初始状态到当下形态的客观见证者，记录着城市萌芽、建设、发展的全过程。在如今的信息化时代，数字化信息技术在各行各业的应用越来越普遍，为了紧跟时代发展，保护好城市建设资料，研究城建档案管理数字化建设具有重要意义。

一、数字化建设的重要性

城建档案管理工作者主要负责收集各种城建档案资料，进行各类资料的分类、整理、分析和加工，随时为相关决策者、工程技术人员等提供利用服务。城建档案蕴藏着大量信息资源，广泛涉及城市规划、建设、管理等部门，形式多样、内容丰富，包括文字、图纸、图片、声像等，利用传统管理方式不仅占用巨大存储空间，维护成本居高不下，不便于查阅，还会受到外界环境因素巨大的影响，很难适应时代发展，将城建档案转化成数字城市建设中的信息采集、存储、管理、传输载体，既是时代的召唤又是经济社会发展的现实要求，有效实施城建档案管理数字化建设显得越发重要。

二、数字化建设的实施路径

进入新时代以后，各行各业纷纷推进信息化建设，城建档案管理也不例外。但在数字化建设形势下，城建档案管理中的鉴定不力、转化不全、保护不到位以及功能单一等问题日益突出，阻碍了城建档案管理数字化建设，因而亟须探索科学合理的路径推动数字化建设的有效实施。

第一，加强档案鉴定，满足工作需求。城建档案门类丰富多样，数量庞大，但并非所有纸质档案都适合采取数字化管理方式，所以应加大档案鉴定力度，按照实际情况选择数字化档案，提高工作效率。在开展数字化建设以前要调查摸底现有城建档案，全面掌握档案的类型、数量、信息利用等情况，确定需要进行哪些纸质档案的数字化处理；基于现实需求，根据优先进行珍贵、重点、特色、利用率高的城建档案的数字化处理原则，完善数字化规划，从而分阶段、分步骤实施数字化建设，将重要实体档案转化为数字信息资源。

---

[1]　王之晔：《城建档案管理数字化建设实施路径研究》，载《城建档案》2021 年第 12 期，第 11-12 期。

考虑到城建档案大多数都来自城市工程建设，工程档案的数字化处理是关键所在。例如，珍贵濒危档案，其涉及大量重要信息，历史价值、研究价值突出，要重点处理；民生工程档案，包括医院、学校、电力、银行等房建工程以及道路、桥梁、地下管线、水利等基础设施档案，还有国家和省市重点建设工程项目的档案等，都要及时进行数字化处理；房建工程中的保障性工程建设、住宅小区建设的档案以及各类新区园区规划拆迁、建设等档案的利用需求较大，可实施分期数字化管理，尤其是房建工程的决策立项文件和征地拆迁、竣工验收等文件的利用率更高，要优先实施数字化转换。如果条件允许，可以对所有城建档案进行数字化加工，确保满足档案工作需求。

第二，加强档案转化，完善信息资源。在鉴定出需要数字化处理的城建档案后需要利用先进科技加强档案转化，完善信息资源，实现和网络系统的互联互通，保证共享城建档案资源。因而要全面落实城建档案的数字化处理和管理工作，结合数字信息化技术及时把档案数据转化成数字信息，方便管理、利用。例如城建档案中的电子图纸需要保证凭证性、可读性的特征，真正实施高效率、高质量的档案数字化建设。

凭证性是档案的基本特性，电子签章则是保证城建档案电子图纸凭证性的重要因素。所以从设计图纸到归档白图，都要严格根据电子签名法、城市建设施工图纸数字化审查、工程建设设计、施工、竣工图纸的数字化及白图交付要点等要求，在确认签名以后禁止修改图纸，确保电子图纸与白图打印真实有效；打印电子图纸的审图白图要加盖项目负责人、设计单位、审图机构的电子签章；打印电子图纸的竣工白图要加盖项目部、设计单位、施工单位、监理单位的电子签章。针对可读性，归档蓝图可读与否是由纸张与字迹的质量优劣决定的，两者基本完好就不影响阅读，但电子图纸的可读性要受到软件和系统的影响，如果不匹配，就容易发生无法读取或者乱码的问题，不利于阅读、利用。所以要严格执行 PDF 格式标准，根据城建档案管理要求统一电子图纸命名方式，统一编制组织架构，确保电子图纸可以顺利归档、读取、利用。

第三，加强档案保护，提升信息安全。城建档案管理工作者在数字化建设中不仅要重视加工、存放，还要重视安全保护，增强保护意识，在档案管理全过程贯穿保护工作，在保护城建档案原件的同时满足利用需求。其一，加强源头控制，在纸质档案接收中做好前端把关工作。即在接收纸质城建档案时严格查验档案纸张、字迹材料等符合耐久性要求与否，面向城建档案形成方做好宣传指导工作，改善档案存储条件。其二，基于调查和研究进行城建档案的抢救性修复。针对已经受损的纸质城建档案要根据稀缺性、重要性和利用频率的原则，根据保存条件、破损等级做好划分工作，分批、分期进行数字化处理和抢救性保护。在这之中，数字化扫描非常关键，要注意做好修复后的城建档案的数字化扫描工作，例如增加修复档案数字化生产线，通过数字化扫描提供数字化影像利用方式，保护原件安全。城建档案的安全性通常涉及信息安全、载体安全两个方面，那么在城建档案的检查接收环节应建议递交以光盘为载体的电子档案，检查所用计算机要和互联网进行物理隔离，保证档案数据信息不被网络病毒感染、黑客攻击。到了入库管理环节，应在避光、恒湿、恒温的环境里妥善保管光盘，定期进行档案数据信息资源的本地与异地备份、迁移，提升城建档案信息的安全性。

第四，拓展档案功能，优化利用服务。管理档案主要是为了利用。随着全国各地推进数字城市建设，城建档案数字化建设必须把服务作为重要任务，构建和数字城市建设相适应的档案服务机制，以拓展城建档案的功能，优化档案信息利用服务。城建档案管理和国家秘密、民众利益有关，不能随意公开，即便公开也要保证不被随意传阅、篡改、销毁。为此，要积极开放城建档案线上管理职能、全面开放档案目录，保障大众的知情权；利用线上身份认证、用户权限管理以及完备的数据加密技术手段，有限开放档案文件内容；利用 BIM 技术、全息影像技术等实现城建档案的数字化借阅，优化档案信息服务体验。另外，"互联网+"为城建档案管理方和利用方构建畅通无阻的交流平台，并且依托人工智能技术实现全天候响应，城建档案管理工作者要基于技术发展建立全天候响应机制，设置好人工智能响应程序，通过全息影像、语音识别、人工智能等提供城建档案服务的动态互动体验。例如拓展城建档案的知识服务功能，因为城建档案中囊括大量信息，数字化建设使信息捕获更便捷，而且用户在数字信息化时代不仅是城建档案信息的利用者还是加载者，可以通过统计利用获得城市规划建设热点问题，据此监测社情民意，体现档案价值。

任何事物的演变、发展均是以当时的技术与时代背景为驱动的，城建档案管理模式从保管纸质档案到管理数字化资源的演变也是新时代科技进步的必然产物。当下数字化信息技术在持续发展、应用，只有在实践中加强分析和探索，寻找更多行之有效的实施路径，坚持走好数字化建设道路，才能提升档案管理水平，保证城建档案发挥最大的价值。

第四节　智慧城市下城建档案管理优化

随着科技的发展，智慧型城建档案管理成为重要的研究课题，受到广泛关注。当前，不同城市间智慧型城建档案管理表现出显著的差异，不能采取"一刀切"的管理模式，而是应该以城市发展现状为基础，制订有针对性的档案管理方案。另外，智慧型城建档案管理实施过程并非任意的，必须充分考虑动态影响因素，及时收集重要的管理资料，为城市的建设发展提供理论依据。

一、智慧城市下城建档案管理工作的重要性

随着城镇化建设布局的不断推进，传统的城建档案管理工作中老旧思路和方法已跟不上时代的发展和城镇化建设的步伐，在不断创新的基础上，特别是智慧城市口号的提出，都要求城建档案管理工作要发展新思路、新方向，不仅是适应国家、城市发展的各项进步，最重要的是，要完善和改革智慧城市背景下城建档案管理工作的意义及价值。分析智慧城市对于城建档案管理工作的要求，主要有以下几项内容：第一，倡导智慧城市理念的发展和落实，将科技力量融入城建档案管理工作中，通过科技进步和发展解决更多的综合问题，促进城建档案管理工作达到更高的效率，例如，智慧城市中对于各项档案的存贮问题，对于当前信息的保存和对于后期数据的提取，都要有更高的要求，信息化和电子存储成为最基础的要求；第二，城建档案管理工作发展，都需要极为细致的配套、整合和改革。自动化、信息化科技的不断更新和应用，将城建档案管理工作提炼出更高标准，在大数据的分析和影响下，通过对原有城建档案信息和数据的提取、分析、利用，更能提出对城市建设、改造等方面更为积极、实用的思路和方法，同时将城市发展的历史记录在案，对城市的后续进步及国家政策的推动给予铭记。因此，智慧城市理念促进了城建档案管理工作职能的开发，更体现了档案管理宏观意义和重要价值。

近年来，我国重视城市化建设工作的开展，并取得了一定的成果。城建档案管理工作被视为城市建设的基础，需要得到高度重视。智慧化城市建设是当前研究的重要课题，其要求必须具备完善的城建管理体系，提高城市建设的速度和质量。对于智慧化城市建设来说，其融入了无尽的科技元素，从本质角度改善了档案管理效率，尤其是解决了传统档案资源丢失的问题。智慧化城市建设十分重视档案管理工作，并在网络技术和数字化技术的帮助下实现了档案资源的转换，即将传统的纸张档案转换为电子档案，如此一来，城建档案信息的储存更加便捷。目前来说，城建档案管理工作逐渐趋于完善，向着智能化和高效化的方向发展，有利于城市建设规划和施工的顺利实施。

二、智慧城市下城建档案管理的原则

首先，针对现行实际操作中的问题，我们要从最基础的工作中进行补充和完善，特别是从人员岗位职责和工作重视度中进行教育和学习，规范城建档案管理工作的具体步骤和内容，学习和引用新的思路、方法，体现城建档案管理工作的意义与价值。

其次，在具体的档案管理工作中，要提高管理制度和工作制度的有效性，在通过详尽健全的制度的管理下，快速学习和掌握城建档案管理工作的基础及要点，积极开展调整和再教育，不断更新管理思路和方式的情况下，保障档案管理工作的准确性、真实性和使用

性，提高城建档案的利用率，为城市建设提供更多的科学参考，保证关联单位和对口用户的需求。

三、智慧城市下城建档案管理改革方案

第一，重视档案管理系统的建设。智慧城市建设的灵魂是信息技术，而城建档案管理工作的革新也需要信息技术的支持，为此，相关的档案管理部门需要做的是完善管理体系，从档案管理的基础工作入手，制定合理的档案管理任务，强化档案管理的有效性和专业性。为了确保档案管理体系的正常运行，管理部门还需要对管理人员实施责任分工，尽可能细化每位管理人员的工作内容，实现管理体系的上行下效。另外，城建档案管理工作的监督不可忽视，这也是档案管理系统的重点，所以，管理部门定期对管理人员的管理工作进行检查，对不符合要求的管理人员实施处罚，对工作认真、有突出贡献的管理人员实施奖励，激发其工作热情，降低城建档案管理工作存在的风险。

第二，实现档案管理设施的优化。软硬件设备是城市建设的前提，城建档案管理工作的实施也以软硬件设备为基础。首先，促进城建档案管理工作的革新，即我们所谓的纸质管理模式向数字化管理模式的变革，这个过程需要引入专业的软硬件设备，借助信息化技术促进档案管理模式的完善。其次，实现城建档案管理与网络技术的结合，创建科学化的网络共享平台，将海量的档案资源存储于云端，这个过程则需要实施网络技术和计算机的更新换代。正是由于网络技术的引入，城建档案管理工作更加便捷，打破了地域间的档案信息传输约束，实现了档案资源的共享。最后，根据需求采购软硬件设备，管理部门要深入基层，对软硬件设备需求开展全方位的调研，掌握最基本的需求状况，从而制定采购名单，从整体角度改善管理部门的软硬件设备水平，达到设备更新的目的。

第三，全面推进城建档案工作数字化进程。构建城建档案的数据库。智能化档案管理数据库为云端档案资源处理带来了可能，极大程度上缓解了传统纸质档案管理带来的压力，使得城建档案管理过程极具科技特色。由于城建档案数据库存在于云端，需要信息技术和网络技术的融合，其中难免会造成数据的泄露，所以，安全问题不可忽视。城建档案数据库的建设并非任意的，必须靠实际状况，尤其是根据发展水平控制管理规模。无论哪种形式的档案数据库，其必须在保证安全的前提下实施。数据共享是档案数据库的基本功能，其在一定程度上成为城市建设的数据依据。

加强城建档案网站建设。城建档案网站是一个工作平台，它不仅是对城建信息保存管理的内部平台，也是对于信息再利用的综合平台，其中最重要的就是部门间的相互调取和查阅。在城建档案网站的建立过程中，要纳入科学性，加入智慧城市的特色背景，通过电子档案的管理等技术，完善网站的主体及辅助功能。同时，网站的建立，还应配备反馈机

制，加强用户间的联系，确保用户的使用体验得到反馈，及时调整或更改网站的管理办法或使用方法，便于档案的调取和参考，更对档案信息进行更新和维护，保证其准确性和真实性。最后，网站的建立更多的是在于信息的传递和查阅，因此，对于信息的保护和威胁的入侵一定要做好规划和防范。通过提高一定的准入门槛，加上线上的咨询服务，确保信息的安全传递，提高网站的交互性能，保证信息的完整和安全，防范各类黑客等威胁的入侵。

提高城建档案的利用率，满足更多城市建设和其他需要。城建档案信息服务渠道非常简单且独立，对于档案的调取和使用，在智慧城市背景下应该进行一定的科学拓宽。首先，信息技术发展的当下，各种 APP 等平台的参与，可以加快对城建档案的调取和查阅，也就提高了其利用效率。其次，专业网站的建立和维护，也保证了各项城建档案数据的查询和调取，更能通过详细的搜索得到相应的大数据分析，使用者可以更为精准地得到所需信息、数据、内容及各项政策法规等。最后，对于使用频次较高的合作单位或者用户，可以设立社交软件或公众号、小程序等简易平台进行沟通和联系，方便专业数据的及时推送，更方便对于信息的查阅和具体信息的了解，提高用户的使用体验，从而提高城建档案信息的利用率，提高城建档案管理工作的效率。

开发城建档案管理平台。一般来说，城建档案管理的重点是档案数据的处理，只有掌握了海量数据中潜在的信息，才能准确把握智慧城建的发展方向，进而制订准确的发展规划。所以，城建档案管理需要大力研发数据平台，开发高效的数据处理软件，收集各个地区的档案资源信息，形成庞大的数据库，为后续智慧城建项目的发展规划提供依据。值得注意的是，城建档案管理平台包含着复杂的信息，既有档案资源信息，又有用户使用信息，所以，用户可根据需要从数据平台中寻找所需的资源，非常便捷。城建档案管理平台还具备一定的数据推送功能，可对用户的基本需求做出判断，将相关的档案信息进行推送，此时，智慧城市建设工作将会更加高效。

第四，强化城建档案人才培养。优秀人才的培养为智慧城市建设创造了条件，合理的档案资源管理使得数据的检索和分析能力显著改善，再加上网络技术的融合，档案资源逐渐实现了共享。当前来说，城建档案管理工作的重点不再是简单的档案资源收集和整理，而是偏向于服务能力，而服务能力的提升必须以优秀人才为基础。在新时代背景下，管理部门的首要任务是培养管理人才，组织多样化的管理人员培训计划，为管理人员提供充足的实践机会，强化其档案管理能力。另外，管理部门还需要根据需求提升管理人员的入岗门槛，除了具备相关的职业证书外，还需要懂得一定的专业知识。面对时代的发展，档案管理部门还实施了有针对性的岗位奖励制度，对于特殊的管理岗位增设津贴，例如管理技术研发岗位等，其目的是激发科研人员的研发热情，最大限度地完善管理系统，引导更多的管理工作者努力工作。

第五，完善管理团队。优秀的人才是智慧型城建档案管理实施的基础，所以，当前的首要任务是创建高水平的管理团队。首先，组织有效的优秀人才招聘计划，筛选符合城市建设所需求的人才，并对其实施科学化的岗位培训，最大限度提高档案管理质量。人才的筛选不仅要考虑其是否具备相关的资格证书，还需要考虑其是否能处理实际问题，即筛选高质量的实践型人才。其次，实施科学化的人才培训制度。人才培训制度的开展是提高其专业水平的重要途径，也是目前不可缺少的步骤。对城建档案管理人才培训来说，其需要懂得基本的档案管理知识，并熟悉多样化的档案管理技术，尤其是学会如何独立解决档案管理过程出现的问题。最后，创建合理的城建档案管理制度。以城市发展现状为基础，向档案管理制度中引入信息化技术，并在大数据的帮助下挖掘深层次的档案管理信息，为后续档案管理制度的完善打下基础。

综上所述，智慧城市建设是未来发展的主要趋势，信息技术的融入使得档案资源管理过程更加高效。为了确保智慧城市建设工作的有效推进，必须实施科学化的档案资源管理，创建合理的档案管理系统，培养和引进专业的人才，将档案资源的价值充分发挥出来。可见，智慧城市建设是一项庞大的工程，并向着智能化和信息化趋势发展，需要科研人员和技术人员的不断努力。

第五节　人工智能在城建档案管理中的应用

"人工智能技术的应用加速了档案管理模式的变革，使我国档案管理工作朝着智能化、数据化和人性化的方向不断发展。"①。面对当前不同企业中的城建规划档案、招标档案、投标档案、施工档案、竣工验收档案等内容，应采用 JAVA 或 JavaEE 汇编语言、JSP 网页开发技术，以及虚拟主机、API 接口、网络云服务器等的云计算技术，建构起城建档案的网络信息化系统，对某一空间区域内的城建档案，做出数据挖掘与整合、信息查询、业务服务执行等的集中管理，带动城建档案资源的存储、开发与共享。城建档案管理运用到的人工智能技术有以下三方面。

第一，大数据挖掘技术。根据《城市建设档案著录规范（GB/T 50323）》《建设工程档案信息数据采集标准 T/CECS 707—2020》等文件的规定，当下不同城建规划项目、企事业单位中涉及的城建档案，通常包括公路、铁路、水运、桥梁、房屋、供电、供热、给

---

① 汤津行：《人工智能在档案管理工作中的应用研究》，载《办公室业务》2022 年第 6 期，第 171–172 页。

排水、燃气、照明等多方面内容，因而需要针对海量化的城建档案数据信息资源，进行不同档案重要文档、日志、表单或图像信息的挖掘。这一情况下，引入大数据挖掘技术，构建以 Hadoop 应用程序框架、spark 大数据处理引擎等为主的分布式计算框架，并利用多元线性回归的统计分析算法、机器学习算法，进行某一城建单位内档案信息的收集、挖掘、处理与存储，可帮助管理人员完成相应的档案工作决策。

第二，虚拟化与并行计算技术。在城建档案网络管理平台中，对网络计算机、服务器、存储器、I/O 连接接口、应用程序等软硬件做出虚拟化，是大数据云计算的重要组成技术之一。当前对网络软硬件设施虚拟化的技术执行，通常会借助于 MVC 框架、VMware 服务器、hypervisor 应用管理程序，开展城建档案网络系统中的软硬件虚拟化，虚拟出 CPU 微处理器、Webserver 服务组件、OS 操作系统、I/O 接口来为城建档案信息的分布式并行处理提供软硬件支持。而分布式并行计算技术作为海量化数据的处理计算，主要将某一数据计算任务分解为多个小任务，进行城建档案数据处理的任务分配、并行计算任务执行，将计算任务分配至相应的虚拟化硬件模块、数据节点完成信息资源处理。

第三，B/S 数据服务架构技术。B/S 数据服务架构也被称为浏览器/服务器架构模式，主要通过构建 Web 网络浏览器的工作界面来完成用户客户端、服务器端之间的数据交互，以及不同数据库请求、业务请求任务的执行。现有城建档案系统的 B/S 数据服务架构，主要包括客户端、Web 服务器、数据库服务器等组成层级。

其中客户端层级为 Web 浏览器页面，通常采取 JsP 动态网页开发技术、JavaEE 汇编语言，将已编写完成的 HTML 代码转换为网页，用于用户数据信息访问、业务请求等的响应，并将数据访问或处理请求发送至后台服务器。之后 Web 服务器为 B/S 架构的中间层，主要通过借助于 SpringMVC 框架，进行数据访问、数据处理、进程响应请求的执行，并将执行结果返回客户端浏览器。数据库服务器为 B/S 架构的最底层，可用于接收外部客户请求、发出数据库请求操作，方便城建档案信息的查询、调用与存储。

参考文献 ◀◀◀◀◀◀◀

[1] 郭胜溶. 再论档案定义 [J]. 兰台世界, 2016 (05): 9-10.

[2] 许雯. 档案价值鉴定工作合理性探究 [J]. 兰台世界, 2022 (06): 40-42.

[3] 李文佳. 现代化档案管理工作的内容与途径 [J]. 兰台内外, 2014 (05): 33.

[4] 杨桂湘. 档案管理职能建设探讨 [J]. 城建档案, 2016 (04): 72-73.

[5] 左运源. 浅谈文件生命周期理论在工程建设项目档案管理的应用 [J]. 广西电业, 2014 (03): 32-34.

[6] 李照南. 基于电子档案管理技术及功能的几点思考 [J]. 兰台世界, 2022 (S1): 17.

[7] 杨玚. 档案管理信息化的科学发展路径与创新 [J]. 文化产业, 2022 (23): 13-15.

[8] 郭芳. 城建档案的作用及特点 [J]. 未来城市设计与运营, 2022 (05): 70-72.

[9] 林周聪. 城建档案在城市建设和治理中的作用 [D]. 南昌: 南昌大学, 2020: 12.

[10] 王冰. 城建档案工作浅析 [J]. 黑龙江档案, 2014 (03): 67.

[11] 宋娟飞. 城建档案收集工作中的问题及对策初探 [J]. 商业文化, 2021 (13): 94-95.

[12] 孙妍. 浅谈城建档案的鉴定工作 [J]. 黑龙江档案, 2019 (03): 80.

[13] 高慧. 新时期下城建档案开发与利用策略分析 [J]. 城建档案, 2021 (01): 60-61.

[14] 祁巧荣. 档案管理工作中存在的问题及措施分析 [J]. 办公室业务, 2016 (22): 119.

[15] 闫实. 浅析城建声像档案管理与服务 [J]. 城建档案, 2021 (07): 36-38.

[16] 唐锦. 城建电子档案的保存策略 [J]. 档案时空, 2011 (10): 35-36.

[17] 孙妍. 城建电子档案的管理及利用 [J]. 黑龙江档案, 2018 (03): 79.

[18] 陈寰. 城建档案信息化建设思考 [J]. 科技与企业, 2012 (12): 20.

[19] 王之晔. 城建档案管理数字化建设实施路径研究 [J]. 城建档案, 2021 (12): 11-12.

[20] 汤津行. 人工智能在档案管理工作中的应用研究 [J]. 办公室业务, 2022 (06): 171-172.

［21］王堃. 创新城建档案管理服务模式的探索与思考［J］. 城建档案，2021（12）：67-69.

［22］张红燕. 新时期创新城建档案管理工作的策略研究［J］. 大众标准化，2021（14）：188-190.

［23］陈丽华. 信息化条件下城建档案管理创新对策［J］. 城建档案，2021（04）：63-64.

［24］梁霄. 基于信息化条件下城建档案管理创新策略研究［J］. 电脑知识与技术，2018，14（17）：291-292.

［25］阴子芬. 对创新城建档案管理工作的思考［J］. 城建档案，2017（10）：61-64.

［26］李文鸿. 集成管理理念下城建档案管理研究［D］. 保定：河北大学，2021：12.

［27］刘静，左志. 城建档案多载体有机并存的可行性［J］. 城建档案，2011（05）：14-17.

［28］周雪. 城建档案价值评价指标体系研究［D］. 杭州：浙江大学，2011：20.

［29］廖云飞. 充分发挥城建档案在城市建设中的作用［J］. 兰台世界，2010（S1）：93.

［30］欧浩成. 浅谈新载体形式下的城建照片档案管理［J］. 城建档案，2013（03）：42-43.

［31］魏秀田. 大数据视野下城建档案管理浅谈［J］. 未来城市设计与运营，2022（08）：76-78.

［32］吴昊天，左一禾. 城建档案管理的难点问题及解决对策［J］. 未来城市设计与运营，2022（06）：87-89.

［33］项静. 城建档案管理数字化建设问题探讨［J］. 活力，2022（03）：172-174.

［34］谢建南. BIM+GIS 城建档案管理平台建设分析［J］. 城建档案，2021（10）：15-16.

［35］王彦红. "大数据"时代城建档案管理模式［J］. 办公自动化，2021，26（01）：47-49.

［36］秘琳琳. 电子档案在学校档案管理中的应用［J］. 兰台内外，2022（16）：27-29.

［37］刘强，毕鑫宇，李颖. 中国古代档案管理机构的沿革［J］. 云南档案，2022（02）：49-52.

［38］王翠莹. 档案管理的规范化进程研究［J］. 大众文艺，2018（15）：248.

［39］王越. 浅析中国档案管理体制改革［J］. 黑龙江档案，2017（04）：40-41.